¿QUÉ ES LA RENOVACIÓN?
José Juan Valdez, MA.

NIHIL OBSTAT

Rev. Eduardo Roque, M.J.
Censor Designado
Arquidiócesis de Galveston-Houston

IMPRIMATUR

Mons. José S. Vásquez
Obispo Titular
Diócesis de Austin.

ÍNDICE

Dedicatoria y agradecimientos.......... 5
Prefacio.......... 7
Introducción.......... 9
Prólogo.......... 13
Capítulo I Visión, Historia de la Renovación.......... 15
Capítulo II Teología de la Renovación.......... 33
Capítulo III La Renovación y el Magisterio de la Iglesia.......... 41
   1. Pío XII, preparando el terreno.......... 43
   2. Juan XXIII, el Iniciador.......... 45
   3. Pablo VI, el continuador.......... 47
   4. Cardenal Leo Joseph Suenens, El padrino y voz.......... 50
   5. Juan Pablo I.......... 53
   6. Juan Pablo II, Una Herencia.......... 54
   7. Cardenal Yves Congar, y la época de los laicos.......... 57
   8. Benedicto XVI.......... 58
   9. Francisco.......... 61
Capítulo IV Elementos o medios de la Renovación.......... 65
   1. Asamblea de Oración.......... 66
   2. Curso de Evangelización.......... 68
   3. Pequeños Grupos de Oración.......... 72
   4. Formación.......... 74
   5. Fruto, Motivación al Compromiso Apostólico.......... 78
   6. Otros.......... 79
Capítulo V. Organización y Coordinación de la Renovación.......... 81
Capítulo VI. Renovando la Renovación.......... 89
Capítulo VII. Mi Testimonio.......... 93
Conclusión.......... 105
Bibliografía y Otros Recursos.......... 107
Otras obras del autor, Pedidos y Comentarios.......... 111

DEDICATORIA Y AGRADECIMIENTOS

A Dios, quien me inspira y me impulsa a compartir con los demás lo que El mismo me ha dado a través de los años.

Al Padre Francis Frankovich y al Padre Roberto Licea por ser ejemplo de entrega y santidad, además de un gran apoyo y ayudarme a ver con su ejemplo lo bueno de la Renovación.

A mi esposa Alba Iris, por ser mi compañera de sendero, por su amor, por su apoyo, y **a mis nenes: Natalia, Diego y Emilio** para ellos y por ellos es este esfuerzo, porque ellos con **Alba** son mi vocación y mi don.

A Papá y Mamá, que con su fe sencilla y humilde labraron en mi corazón el amor y dedicación a Jesús, mi Rey y Señor. Mil gracias a mis viejitos del alma.

Al Seminario, por todo lo que Dios me regaló a través de mis compañeros y formadores. Fueron 10 años maravillosos, llenos de bendiciones que alcanzan hasta hoy.

A Luchi, quien por su insistencia me llevó a descubrir este nuevo y resplandeciente campo de la renovación en mi Iglesia

Al movimiento de la Renovación Carismática, por ser este complemento perfecto para mi vida de fe y por ser parte de esta 'nueva primavera' en nuestra Iglesia.

José Juan Valdez L.

PREFACIO

A través de su historia, la Iglesia ha vivido en un continuo contraste: Por un lado, se ha insistido en ocasiones, de manera desmesurada en la doctrina y en la catequesis, dejando al lado la evangelización, la iniciación cristiana o el primer anuncio gozoso de un Jesús Vivo y Resucitado (Kerygma), que fue algo muy peculiar de las primeras comunidades cristianas o de algunos momentos de misión o expansión de la Iglesia a través de los siglos. Por otro lado, en las últimas décadas, con la Renovación Carismática Católica y otros nuevos movimientos ha sucedido lo contrario: Se vivió y se vive intensamente todo lo que se refiere al "primer anuncio"; sin embargo, ha sido poco el interés y los esfuerzos por desarrollar una formación catequética integral y progresiva; aunque en mi experiencia personal en los últimos años y en diferentes niveles se han comenzado hacer conciencia de la necesidad de formarnos en nuestra fe.

A manera de comparación, en un plano meramente biológico, un recién nacido no se satisface con la vida misma. Aunque ya es un don de Dios, es necesario alimentarse para crecer y ser capaz de transmitirla más tarde. Lo mismo sucede con la vida en el Espíritu, el infantilismo espiritual conduce a una anemia, un debilitamiento que puede terminar en la muerte. Una plantita nueva necesita ser regada, cuidada y abonada para que crezca y produzca fruto; así también, un recién nacido, necesita cuidados, alimentación, etc., para que pueda crecer, desarrollarse sanamente y convertirse en un

PREFACIO

cristiano capaz de responder al llamado personal que Dios le hace a construir desde sus dones o carismas personales el Reino de Dios y alcanzar la santidad. De esta misma manera, el neo-evangelizado no se satisface con esta nueva vida qué, sin dejar de ser un gran comienzo sólo ha cumplido con la "iniciación", sino que necesitará de un proceso que le ayude a crecer y perseverar en el nuevo camino que ha emprendido. Todo esfuerzo evangelizador donde se busca la conversión de los corazones, tenemos que pensar siempre: ¿y después qué? Es por eso, que después de preparar este material sencillo pero fundamental, mi buen amigo, José Juan Valdez pone en sus manos este libro que espera que responda a la necesidad de aquellos católicos de renovación que quieran comprometerse con su fe y desean emprender un proceso de crecimiento continuo y progresivo mientras caminan en esta nueva vida, para que, aprendiendo y poniendo en práctica lo que compartimos, en un futuro, sean capaces de comunicar la verdad aprendida a aquellos que están sedientos de ella. De llevar a Aquel que es la VIDA a aquellos que aún no gozan de este don. Que Dios bendiga este esfuerzo con frutos abundantes.

Sr. Guillermo López Miranda

INTRODUCCIÓN

Este libro, *¿Qué es la renovación?* pretende ser, un mapa que nos guie en nuestra "nueva vida" a adquirir un conocimiento claro y concreto acerca de este movimiento maravilloso que Dios ha suscitado en la Iglesia de hoy. Además de ayudarnos a conocer y profundizar más el misterio insondable de ese Dios, siempre maravilloso y sorprendente del que nos hemos enamorado, para los que son parte del movimiento de renovación y se han puesto en camino de este proceso de renovarse continuamente.

Ahora, nadie puede presumir que conoce Tierra Santa con el solo hecho de tener un mapa o una guía de turistas en sus manos o por haber tomado una clase de geografía del medio oriente o de Palestina como tal. De la misma manera, cabe señalar que, no se puede asegurar el progreso de una vida conforme al Espíritu, por solo conocer los elementos que se presentan en los siguientes capítulos o en cualquier otro espacio o medio. Así como para conocer bien Tierra Santa, necesitas recorrerlo; como lo afirmó uno de mis maestros de Sagradas Escrituras en mis años de seminario: *"Es de suma importancia que aquellos que se han preparado para ser maestros y enseñar todo lo que se refiere a las Sagradas Escrituras, vayan, caminen, recorran los lugares en los que sucedieron los hechos que se narran"*, de la misma manera para experimentar la vida en el Espíritu, no solo bastará conocer, sino hacer vida lo que aprenderemos en estas páginas y en otros medios a nuestro alcance.

Sin embargo, también es cierto que no podríamos conocer

INTRODUCCIÓN

una ciudad (Jerusalén), sin una guía adecuada. Es necesario un mapa, alguien que lo entienda y que lo explique, de manera que nos presente los lugares de mayor interés, nos prevenga de los riesgos y nos prepare para aprovechar nuestra visita al máximo.

La Iglesia, tiene cerca de 2000 años de caminar en la fe y en el entendimiento del mensaje revelado. Esto no es nada nuevo, en el mismo movimiento de Renovación, hubo y hay personas que nos han precedido en este caminar. Todos ellos nos han legado su rica experiencia y conocimientos que nos ayudarán a eliminar toda tendencia infructuosa de buscar por caminos desconocidos que nos puedan desviar o perder. Quiero agradecer a todas las personas que ya han colaborado en esta misión, con el trabajo que han hecho y la brecha que han abierto frente a nosotros. Creo firmemente que en todo aquel que se ha ido dejando renovar en el Espíritu y en todo católico comprometido con su fe, es indispensable una profundización programada, sistemática y permanente de las verdades fundamentales y básicas tanto de lo que se refiere al mismo movimiento, como de nuestra fe en general, de manera que nos ayude a conseguir la madurez en la vida cristiana e ilumine nuestro caminar como testigos de Cristo con la fuerza del Espíritu Santo.

Este libro, desarrolla algo muy importante que debe ser estudiado y profundizado por los que han sido iniciados o son parte del Movimiento de Renovación Carismática Católica o aquellos que han escuchado del mismo y desean conocerlo más, ya sea por mera curiosidad o por el afán positivo de descubrir las riquezas que ofrece a la Iglesia de nuestros tiempos. Aunque debo confesar, que la mejor manera de descubrir o conocer lo que nos ofrece la Renovación Carismática, se conseguirá por la experiencia misma de los medios que ofrece; mi esperanza es que algunos conceptos para aquellos que estamos acostumbrados a estos les impulsará a buscar tal experiencia.

INTRODUCCIÓN

En esta tercera edición encontrarás algunos cambios, desde la portada y contraportada, que te ayudarán a distinguirla de las anteriores. En el interior hallarás un gran número de correcciones de estilo, además de algunos agregados por recomendación del Censor a lo largo de todo el libro que hacen de este una mejor opción al adquirirlo en comparación con las dos ediciones anteriores. En el capítulo sobre el Magisterio de la Iglesia, he agregado algo más reciente sobre la posición de nuestro actual pontífice, Benedicto XVI, así como, más información de cómo los papas anteriores a Juan XXIII colaboraron de alguna manera a lo que sucedería en la Iglesia años más tarde. También presentaré la influencia que tuvo la Beata Elena Guerra y la trascendencia de lo que inició dentro de la Iglesia a finales del siglo XIX, antes de que naciera el pentecostalismo moderno como tal, debido a esta inserción, el capítulo sobre la historia del movimiento ha sufrido cambios que lo hacen más extenso, con una especie de "prehistoria" de la Renovación Carismática. Un capítulo completo (V) ha sido agregado a esta edición donde presento de manera general y concreta cómo se organiza y coordina la Renovación en sus diferentes niveles (Internacional, Continental, Nacional, Regional, Diocesano y Parroquial), cómo se unen y relacionan con la Iglesia universal y local. Además después de un buen tiempo de oración y de tratar de entender lo que Dios sigue haciendo a través de la Renovación en nuestros días, he agregado el capítulo VI: "Renovando la Renovación." Finalmente en el último capítulo, el de mi testimonio, encontrarás agregados que a recomendación del P. Eduardo Roque, el Censor, y Miguel Arias (†), mi editor, ayudarán al lector a ver la acción de Dios y cómo me llamó a servirle, desde una familia concreta, tal vez parecida a la tuya querido lector; además de ser un capítulo vivo y pintoresco, basado lo realmente en mi vida.

En lo que se refiere al orden y los contenidos son como ya lo había mencionado parecidos a los de las ediciones anteriores, aunque con un toque nuevo, a saber:

En el primer capítulo presentaré de manera breve pero clara, la visión de la renovación, su historia, y en el segundo de manera sencilla, las bases teológicas sobre las que se sostiene. En el tercer capítulo encontrarás las posturas o pronunciamientos del Magisterio de la Iglesia acerca del Movimiento de Renovación Carismática Católica, desde León XIII, pasando por Juan XXIII, hasta nuestro actual Papa Francisco. En el cuarto capítulo conocerás los elementos, medios y/o ministerios "básicos" que particularizan a la renovación carismática y una descripción sencilla de cada uno de estos.

Además de los dos capítulos nuevos ya mencionados: V Organización y Coordinación de la Renovación y el VI Renovando la Renovación. Al final, encontrarás, gracias a la recomendación de una amiga renovada de corazón, el testimonio personal de cómo este movimiento llego a mi vida y el impacto que tuvo; de tal manera que me impulsó a escribir esto que ahora presento, es un poco chistoso, espero que sea para la gloria de ese Dios que siempre ha estado a mi lado.

Hoy, con mucho entusiasmo y dedicación, quiero aportar mi colaboración a la tarea de formar más y mejor a todos los que han tenido un encuentro personal con Cristo y están deseosos de llenarse más de Él.

Finalmente, creo que es importante releer y actualizar lo que nos han legado. Eh aquí, una buena herramienta, con un estilo fresco y diferente. Disfrútalo como yo al redactarlo. Buen viaje!!!

PRÓLOGO

El crecimiento en la vida cristiana consiste en irnos asemejando y transformando cada vez más en imagen de Cristo, según la voluntad del Padre, con el poder del Espíritu Santo. Por ello, es muy importante impulsar el compromiso de una formación permanente, de acuerdo a los carismas de cada persona y a las necesidades de cada comunidad. Esto supone que la formación religiosa de cada católico se continúa a lo largo de toda la vida. Es preciso tener siempre presente que nunca terminamos de aprender, si tenemos esta actitud, hasta en los últimos momentos de nuestra vida habrá algo que el Señor nos quiere enseñar.

José Juan Valdez, es un buen amigo y un magnífico colaborador de la Renovación Carismática tanto en la arquidiócesis de Galveston-Houston como a nivel nacional dónde ha trabajando representando la Región 7 de la misma (Texas, New México, Arkansas, Oklahoma); por espacio de 6 años. Actualmente es el coordinador nacional de la Renovación Carismática Católica Juvenil en los Estados Unidos. Lo conocí hace ya casi 12 años mientras estudiaba en la Escuela de Teología de los Oblatos en San Antonio Texas. En ese entonces, habíamos comenzado a trabajar en un proyecto para desarrollar un proceso progresivo de crecimiento y organización para todos los grupos de oración aquí en nuestra Arquidiócesis. Uno de los aspectos más importantes de este proyecto es la formación, en la cual, por su preparación, destrezas y dones, José Juan me pareció ser la persona más adecuada y no me equivoqué; desde entonces, él ha estado

PRÓLOGO

trabajando con nosotros en la formación y en muchos otros aspectos. Es una persona muy preparada y con gran facilidad para la enseñanza, además de ser parte de esa sangre nueva y rejuvenecedora que necesita la Iglesia de hoy.

Quiero recomendar este trabajo realizado por él, que ha sido fruto de su preparación y el desarrollo de su ministerio con un celo profundo de dar a conocer más y mejor a la persona de Jesús, las enseñanzas de nuestra Iglesia Católica y su pasión por la Renovación Católica Carismática. Deseo desde lo profundo de mi corazón les sea de mucha ayuda a quien lo lea y que Dios les bendiga hoy y siempre.

F. Francis Frankovich, CC

CAPÍTULO I:

LA VISIÓN Y LA HISTORIA DE LA RENOVACIÓN

"¡Sí! La Renovación Carismática puede considerarse un don espiritual del Espíritu Santo a la Iglesia en nuestro tiempo. Nacido en la Iglesia y para la Iglesia. Este es un movimiento en el cual a la luz del Evangelio, se hace la experiencia del encuentro vivo con Jesús, de fidelidad a Dios en la oración personal y comunitaria, de escucha fiel a su Palabra, del redescubrimiento vital de los sacramentos, así como el valor en las pruebas y la esperanza en las tribulaciones."

Juan Pablo II

1. Época privilegiada del Espíritu

Sin lugar a dudas, hoy, más que nunca, estamos viviendo en una época privilegiada del Espíritu. Por todas partes y como nunca se oye hablar de Él, se le invoca, se le ama, se testifica su poder con signos, por la predicación y por el testimonio de vida.

Es por eso, que debemos reconocer que hace ya casi 50 años, a partir del Concilio Vaticano II, la Iglesia Católica ha estado experimentando de una forma abundante el fuego purificador, el agua santificadora y el viento poderoso del Espíritu que se mueve y actúa en medio de nosotros.

2. Nacimiento de la Renovación

Podemos decir, que poco tiempo después de la clausura del Concilio Vaticano II, "nació" en la Iglesia Católica esta renovación espiritual que se había estado gestando por varias décadas dentro de la misma Iglesia. Ya lo señalaba el Cardenal Joseph Suenens diciendo: *"La gracia conciliar a nivel Obispos se difundía a la gran comunidad cristiana, haciéndose real la petición del Papa Juan XXIII de un nuevo Pentecostés para la Iglesia"*

3. Prehistoria de la Renovación Católica Carismática

Hace un tiempo me encontré con un artículo que al leerlo me pareció muy interesante; entre más lo leía, más me convencía que sería de gran ayuda para mejorar lo que nació hace varios años: este libro *"Qué es la Renovación"* y que ha sido de tanta ayuda para los que lo han leído. Dios me concedió participar en el XXIV ECCLA realizado en Lima, Perú, donde el hermano Reinaldo Beserra Dos Reis de la Renovación en Brasil presentó a los líderes nacionales de 21 países en Latinoamérica esta información confirmándome la necesidad de agregar al libro esto que Dios estaba poniendo delante de mí. Supe que esta información ayudaría muchísimo a los que amamos a nuestra Iglesia católica y somos fieles seguidores de la renovación carismática.

4. Beata Elena Guerra

Así es, me refiero a la labor de la Beata Elena Guerra, que en tiempos complicados (finales del siglo XIX) tuvo el valor de hablar y dar fundamento a lo que varias décadas después tomaría una fuerza arrasadora en este bendito Movimiento de la Renovación Carismática

Católica.

Quiero pues, compartir y presentar a aquellos que tal vez no habían escuchado respecto a la Beata Elena Guerra, fundadora de las Hermanas Oblatas del Espíritu Santo en Lucca, Italia. Elena nació el 23 de junio de 1835. Casi 10 años después, el 5 de junio de 1845 recibió la confirmación, esta sería una fecha o suceso que marcaría toda su vida. La preparación para este sacramento y la vivencia de la presencia del Espíritu significaron, para aquella niña, fue un paso decisivo en su vida espiritual, que jamás olvidaría. Para conocer más y mejor al Espíritu Santo, comenzó a leer asiduamente la Sagrada Escritura y los Santos Padres, en la lengua en que por entonces podían leerse, el latín. En 1872, después de una enfermedad, que la retuvo en casa durante años, y de una peregrinación a Roma, fundó la Congregación de Santa Zita, para la formación de niñas y jóvenes. (La alumna más famosa del colegio de las "zitinas" de Lucca fue Santa Gema Galgani (quien nació en 1878. Sufrió grandemente por su precaria salud y el desprecio de quienes rechazaban sus prácticas de devoción, éxtasis y otros fenómenos. Vivió para Jesús, para Su Santísima Madre y para rescatar a los pecadores. Tuvo periódicamente los estigmas de la pasión y las llagas de la flagelación en todo su cuerpo. Padeció ataques físicos del demonio y tuberculosis en la espina dorsal. Las pruebas no pudieron separarla de su comunión con Nuestro Señor sino que más bien la fortalecieron. Queriendo ser pasionista, no se le permitió por su delicada salud. Murió en Lucca, ciudad donde vivió casi toda su vida. Era un Sábado Santo del año 1903, tenía solo 25 años. Fue beatificada en el año 1933 y canonizada en 1940.)

Más tarde cuando se decidieron a la vida en común, vistieron el hábito religioso y redactaron las Constituciones, recibieron la aprobación del obispo diocesano, monseñor Ghilardi. Así nació la Congregación de las Oblatas del Espíritu Santo. Elena descubrió la importancia de la «buena prensa», y se puso a escribir folletos y hojas sueltas, dedicó todo el tiempo que le dejaba el gobierno de su congregación, y todo el dinero que pudo conseguir de su familia en esto. Los temas eran varios, aunque poco a poco fue decantándose lo que constituiría el principal objetivo de su vida y de su apostolado, el Espíritu Santo.

A finales del siglo XIX, le pidió al Papa León XIII, a una vez más llevar a la Iglesia de vuelta al Cenáculo (al aposento alto o estancia superior). De 1895 a 1903, la Hermana Elena llevada por el Espíritu Santo escribió doce cartas confidenciales al Papa León XIII, pidiéndole que desarrollara una predicación renovada sobre el Espíritu Santo. En sus muchos escritos al Pontífice, le exhortó una y otra vez, a invitar a los fieles a redescubrir una vida según el Espíritu. Pidió y oró por una renovación de la Iglesia, la unidad de los cristianos, una renovación de la sociedad, y de ese modo "una renovación de la faz de la tierra". En el corazón de Elena latía la idea de un Pentecostés permanente:

> "Pentecostés no ha pasado. De hecho está sucediendo continuamente en todo momento y en todo lugar, porque el Espíritu Santo deseó entregarse a todos los hombres y todos los que lo quieren pueden siempre recibirle, así que no tenemos que envidiar a los apóstoles y los primeros creyentes; sólo tenemos que estar dispuestos como ellos a recibirle bien, y Él vendrá a nosotros como lo hizo a ellos".

Para que sucediera esto, Elena Guerra pensó que debería surgir un movimiento de oración mundial, que se pareciera lo más posible al cenáculo o estancia superior de Jerusalén, donde Jesús celebró la Última Cena, el mismísimo lugar donde días después de subir al cielo y según su propia promesa, sucedió Pentecostés, Jesús cumplió Su Promesa, cuando unas 120 personas, incluyendo los

Apóstoles y María, la Madre de Jesús, se unieron en oración constante. Elena proclamó: *"Oh, sí sólo… se pudieran elevar al cielo oraciones unánimes y fervorosas en cada parte de la cristiandad, como en el Cenáculo de Jerusalén para un reavivamiento del Espíritu Divino"*

Fue por la insistencia de la hermana Elena, que el Papa León XIII (el Papa de las encíclicas, siendo *Rerum Novarum* tal vez, la más importante de estas), publicó varios documentos importantes relacionados con el Espíritu Santo. Primero en 1895, una carta apostólica, *Provida Matris Caritate*, en la que al final pedía a todos los fieles que celebraran una novena solemne (nueve días de oración) al Espíritu Santo entre las fiestas de la Ascensión y Pentecostés para pedir por la unidad de todos los cristianos. Un segundo documento fue la encíclica dedicada totalmente a la tercera persona de la Trinidad, el Espíritu Santo, escrita en 1897, *Divinum Illud Munus*, en la cual, una vez más, al final de esta, pedía a los fieles que se unieran a la novena solemne que había pedido en 1895. Afirmó que la novena no se debía limitar a sólo un año, sino que tenía que ser perpetua, que se realizara año tras año entre las fiestas de la Ascensión y Pentecostés. #16.

> *"Ved, venerables hermanos, nuestros avisos y exhortaciones sobre la devoción al Espíritu Santo, y no dudamos que por virtud principalmente de vuestro trabajo y solicitud, se han de producir saludables frutos en el pueblo cristiano. Cierto que jamás faltará nuestra obra en cosa de tan gran importancia. Más aún, tenemos la intención de fomentar ese tan hermoso sentimiento de piedad por aquellos modos que juzgaremos más convenientes a tal fin. Entre tanto, como desde hace ahora dos años, por medio del breve 'Provida Matris,' recomendamos a los católicos para la solemnidad de Pentecostés algunas especiales oraciones a fin de suplicar por el cumplimiento de la unidad cristiana, nos place ahora añadir aquí algo más. Decretamos, por lo tanto, y mandamos que en todo el mundo católico en este año, y siempre en lo por venir, a la fiesta de Pentecostés*

preceda la novena en todas las iglesias parroquiales y también en los demás templos y oratorios, a juicio de los Ordinarios."

Una tercera carta fue dedicada a los obispos *"Ad fovendum in cristiano populo",* en la cual, refuerza las recomendaciones hechas en las dos cartas anteriores.

Otro acontecimiento importante, que sucedió gracias a la intervención de la hermana Elena fue la noche del 31 de diciembre del 1900 cuando el Papa León XIII invocó al Espíritu Santo cantando en la Misa de bienvenida al nuevo siglo el himno *Veni Creator Spiritus*, en nombre de toda la Iglesia, consagrando así el siglo XX a la tercera persona de la trinidad, el Espíritu Santo. Ahora situados en el siglo XXI podemos voltear hacia atrás y ver con regocijo y admiración el impacto impresionante que tuvo aquella oración, me atrevería a decir, no solo en la Iglesia católica, sino en el cristianismo y el mundo en general. Como muestra de lo que afirmo, algo más allá de nuestro entendimiento sucedió ese mismo día al otro extremo del mundo en Topeka, Kansas, en el Colegio y Escuela Bíblica Bethel, ocurrió una efusión del Espíritu Santo que se acepta "generalmente" como el comienzo del Pentecostalismo en el cristianismo del siglo XX. Luego vino el "revival" de Azusa Street de 1906, dirigido por el afroamericano William J. Seymour, el cual propulsó el Pentecostalismo en solo dos años por todos los continentes. La razón de mencionar esto es porque hasta hace algunos años se le atribuía a estos dos eventos el inicio del Pentecostalismo moderno. Cosa que en mí y en muchos ha ido cambiado después de revisar los escritos de la hermana Elena Guerra y que nos muestran cómo algo se estaba gestando dentro de nuestra Iglesia aún antes de los eventos pentecostales protestantes de inicios del Siglo XX.

Tanto hizo por la devoción al Espíritu Santo que, una vez atacada por una enfermedad mortal, dejó brotar del corazón hacia sus labios esta apasionada y significativa oración: *"Señor, te ofrezco mi vida y mi muerte por el triunfo del Espíritu Santo"*. El 20 de junio de 1903 fallece el Papa León XIII y las cosas cambian para la beata; según el libro editado por la Renovación Carismática del Perú, nos narra cómo después de algunos años de la muerte de León XIII, grandes sufrimientos se presentan en la vida de la madre fundadora Elena Guerra. Como tantas otras figuras de la historia de la espiritualidad cristiana, Elena también necesitó tomar con coraje su cruz y emprender el camino del calvario. Fue depuesta de su autoridad por una vulgar conspiración de algunas personas soberbias, pero sobre todo ingratas. Por imposición de la autoridad eclesial local, tuvo que renunciar públicamente al cargo de Superiora de la Congregación. Vivió los últimos 7 años de su vida en un verdadero *desierto*, aislada de las actividades y de la compañía de sus *hijas*. Después de su muerte, se reveló la tremenda injusticia cometida contra la superiora y fueron presentadas diversas reparaciones. El Cardenal Lorenzelli, al final de los trabajos y de la tempestad, exclamó: *"Encontramos oro donde creíamos que había basura, y basura donde creíamos que había oro..."* Elena Guerra falleció en Lucca el 11 de abril de 1914 (11 años más tarde, el mismo día y mes en que murió su discípula Gemma Galgani, también en un Sábado Santo), habiendo convivido con 4 Papas: Gregorio XVI (1831-1846), Pío IX (1846-1878), León XIII (1878-1903) y Pío X (1903-1914).

5. Y después de la muerte de Elena Guerra qué...

El Papa Pío XII, quien gobernó la Iglesia entre 1939 y 1958, escribió nada menos que 43 encíclicas, una de estas el 29 de junio de 1943, *Mystici Corporis*, en que destaca que:

> *"Y después que Cristo fue glorificado en la Cruz, su Espíritu se comunica a la Iglesia con una efusión*

> *abundantísima, a fin de que Ella y cada uno de sus miembros se asemejen cada día más a nuestro Divino Salvador (...) Él, con su celestial hálito de vida, ha de ser considerado como el principio de toda acción vital y saludable en todas las partes del Cuerpo místico. (...) mientras Cristo es la Cabeza de la Iglesia, el Espíritu Santo es su alma."*

Rompiendo con un modo de pensar que traspasaba de cierta manera el pensamiento magisterial de siglos, Pío XII escribe, en la encíclica: *"No puede haber, por consiguiente, ninguna verdadera oposición o pugna entre la misión invisible del Espíritu Santo y el oficio jurídico que los Pastores y Doctores han recibido de Cristo"*. O sea, entre la dimensión carismática y la dimensión institucional-Jerárquica de la Iglesia. Ya detallaremos más adelante un poco más sobre la importancia y la influencia del Papa Pío XII en el capítulo sobre el Magisterio.

El 26 de abril de 1959 Juan XXIII proclamó beata a Elena Guerra y le dio el título de 'apóstol del Espíritu Santo.' En su homilía relatada en (L'Osservatore Romano, Año XCIX, n° 99 (30066), giorno mercoledi, 29 Aprile 1959, pág. 1,) Juan XXIII destaca que en la vida de Elena, *"es notable cómo todo converge al cumplimiento de la misión que de parte de Dios le fue confiada, de ser en nuestros tiempos la apóstol de la devoción al Espíritu Santo"*. Y resalta que ese apostolado no permaneció restringido a los muros de su ciudad (y Lucca es, en efecto, una ciudad amurallada), al ámbito de su Congregación, sino que tuvo resonancia por toda la Iglesia. Se la compara con Santa Margarita María Alacoque, en su apostolado de propagar el culto al Sagrado Corazón de Jesús. Y afirma:

> *"A semejanza de María Magdalena que fue la Apóstol de la Resurrección del Señor junto al Príncipe de los Apóstoles, así ella, de su nativa Lucca, escribe filialmente a nuestro Predecesor León XIII para exponerle sus*

planes". "Si hoy, pues, se celebra con mayor solemnidad la Novena de Pentecostés, si a tantas almas dóciles al llamado del Pontífice se abrieron nuevos horizontes de santidad y de apostolado, se debe pensar con gratitud de aquella, de quien se sirvió la Providencia para influir en el gesto de nuestro Predecesor, tal como un bramido de vida nueva que impregna a toda la Iglesia".

Quiero concluir este relato de su vida y el impacto de su espiritualidad con una oración preciosa que ella misma nos dejó y sería bueno que la hiciéramos parte de las oraciones devocionales en la renovación carismática:

**Benignísimo Jesús,
mandadnos vuestro Espíritu con su Luz,
para que seáis mejor conocido.
Mandádnoslo con su Fuego,
para que seáis más amado.
Mandádnoslo con sus Dones
para que seáis verdaderamente imitado.
Amén.**

6. Antes y después de Duquesne...

Pentecostés es de la Iglesia y para la Iglesia, ha estado ahí desde el inicio y de una u otra forma, a través de los siglos; si bien es cierto, que en algunas épocas se ha hecho mayor énfasis que en otras, no hay duda que el Espíritu ha estado guiando a la Iglesia de muchas formas, entre las cuales podemos ubicar tanto a la Renovación Carismática como a los nuevos movimientos que nacieron antes y después del Concilio Vaticano II como fruto de esta acción.

Por varios años, en la renovación carismática católica habíamos atribuido de alguna manera el comienzo de la misma a los eventos sucedidos febrero de 1967, 2 años después de finalizar el Concilio Vaticano II y exactamente 70 años después de la encíclica del Papa León XIII sobre el Espíritu Santo (¿Dioscidencia?).

A menudo recordamos las palabras del Papa bueno, Juan XXIII, quien en preparación del Concilio Vaticano II pidió a todos los fieles que pidieran por una nueva efusión del Espíritu Santo. Significativamente, la primera persona beatificada por el Papa Juan XXIII fue la hermana Elena Guerra, llamándola una "Apóstol del Espíritu Santo."

Otro momento muy especial de la acción del Espíritu Santo en este último siglo en la Iglesia Católica sucedió en el Pentecostés de 1998. El Papa Juan Pablo II convocó a los diversos movimientos eclesiales y nuevas comunidades, nacidas como frutos de la obra del Espíritu Santo durante este siglo, para unirse a él en la Plaza de San Pedro para la vigilia de Pentecostés. Fue la primera reunión de este tipo que había sucedido jamás, en la cual, más de cincuenta movimientos eclesiales y nuevas comunidades estaban representados, incluyendo los Focolares, (Italia); Cursillo, (España) 1949; Neo-Catecumenado 1964 (España); Vida-Luz, (Polonia) 1957; Foyers de Charite, (Francia) 1936; Comunión y Liberación, (Italia) 1954; Comunidad de San Egidio; (Italia) 1968; y la Renovación Carismática Católica, "(EEUU) 1967." El Papa Juan Pablo II afirmó en esa histórica Vigilia de Pentecostés:

> *"Lo que sucedió en Jerusalén hace dos mil años, es como si esta tarde se renovara en esta plaza, centro del mundo cristiano. Como entonces los Apóstoles, también nosotros nos encontramos reunidos en un gran cenáculo de Pentecostés, anhelando la efusión del Espíritu".*

Los aspectos institucional y carismático como ya se empezaba a develar en los documentos del Concilio Vaticano II son co-esenciales en la constitución de la Iglesia y concurren, aunque de modo diverso, a la vida, a la renovación y a la santificación del pueblo de Dios. Partiendo de este providencial redescubrimiento de la dimensión carismática de la Iglesia, antes y después del Concilio, se ha consolidado una singular línea de desarrollo de los movimientos eclesiales y de las nuevas comunidades. La invocación del Papa Juan Pablo II ese día donde alrededor de 350,000 a 400,000 personas estaban reunidas fue la siguiente:

> "Hoy, en este cenáculo de la plaza de San Pedro, se eleva una gran oración: ¡Ven Espíritu Santo! ¡Ven y renueva la faz de la tierra! ¡Ven con tus siete dones! ¡Ven, Espíritu de Vida, Espíritu de verdad, Espíritu de Comunión y Amor! La Iglesia y el mundo tienen necesidad de ti. ¡Ven, Espíritu Santo, y haz cada vez más fecundos los carismas que has concedido! Da nueva fuerza e impulso misionero a estos hijos e hijas tuyos aquí reunidos. Ensancha su corazón y reaviva su compromiso cristiano en el mundo. Hazlos mensajeros valientes del Evangelio, testigos de Jesucristo resucitado, Redentor y Salvador del hombre. Afianza su amor y su fidelidad a la Iglesia. A María, primera discípula de Cristo, Esposa del Espíritu Santo y Madre de la Iglesia, que acompañó a los Apóstoles, en el Primer Pentecostés, dirijamos nuestra mirada para que nos ayude a aprender de su 'fiat' la docilidad a la voz del Espíritu. Hoy, desde esta plaza, Cristo os repite a cada uno: "Id al mundo y predicad el Evangelio a toda la Creación (Mc 16, 15). Él cuenta con cada uno de vosotros. La Iglesia cuenta con vosotros. El Señor os asegura: "Yo estoy con vosotros todos los días hasta el fin del mundo" (Mt 28, 20). Estoy con vosotros. Amén."

En su carta apostólica post-jubileo *Novo Millenio Ineunte*, el Papa Juan Pablo II anima una vez más a la gente de Dios con estas palabras:

> "Nuestras comunidades cristianas tienen que llegar a ser auténticas "escuelas de oración", donde el encuentro con Cristo no se exprese solamente en petición de ayuda, sino también en acción de gracias, alabanza, adoración,

> *contemplación, escucha y viveza de afecto hasta el "arrebato del corazón"[...]. Fue Pedro quien habló con fe: "en tu palabra, echaré las redes". Permitidle al Sucesor de Pedro que, en el comienzo de este milenio, invite a toda la Iglesia a este acto de fe, que se expresa en un renovado compromiso de oración "Duc in Altum" (remar mar adentro, Lc 4, 5)."*

En su mensaje a la Fraternidad Católica de Comunidades y Asociaciones Carismáticas de Alianza en junio de 2001, el Papa Juan Pablo II afirmó:

> *"Fervientemente pido que vuestras comunidades y toda la Renovación Carismática "remen mar adentro" en la oración para "remar mar adentro" en la misión. Así ayudaréis a toda la Iglesia todavía más para vivir la vida de acción y contemplación que es el seno de la evangelización."*

Una sorpresa más de este Pentecostés continuado, sucedió el sábado 29 de mayo del 2004 en la Plaza de San Pedro cuando el Papa Juan Pablo II en las Primeras Vísperas de Pentecostés dirigió las siguientes palabras:

> *"Saludo de modo especial a los miembros de la Renovación en el Espíritu, una de las diversas expresiones de la gran familia del movimiento carismático católico. Gracias al movimiento carismático numerosos cristianos, hombres y mujeres, jóvenes y adultos, han redescubierto Pentecostés como realidad viva y presente en su vida diaria. Deseo que la espiritualidad de Pentecostés se difunda en la Iglesia, como renovado impulso de oración, de santidad, de comunión y de anuncio."*

El cristianismo carismático o Pentecostal es hoy la variante de cristianismo que más crece en todo el mundo, especialmente en

Sudamérica, África y países asiáticos. Se considera que hay entre 600 millones de cristianos carismáticos o Pentecostales, de los cuales entre 120 - 130 millones serían carismáticos católicos.

7. Diferenciando a los carismáticos católicos de los protestantes

Durante años, alguien que experimentaba el "bautismo en el Espíritu" y necesitaba orar en lenguas, bailar, alabar a voz en grito, profetizar, etc., difícilmente tenía cabida en las denominaciones protestantes tradicionales (bautistas, metodistas, presbiterianos y anglicanos). Las cosas cambiaron hacia 1960. Se calcula que había entonces unos 10 millones de pentecostales y empezaba a haber protestantes que oraban y vivían "a la manera Pentecostal". En 1958 los episcopalianos aprobaron su rama Pentecostal. Los luteranos y los presbiterianos en 1962. Era posible vivir la espiritualidad Pentecostal con todas sus "exuberantes manifestaciones" sin dejar de ser episcopaliano o luterano. A estos cristianos se les llamó "carismáticos", en este caso "carismáticos protestantes" y fue la segunda gran oleada Pentecostal.

"La tercera gran oleada del Pentecostalismo moderno" si queremos ponerlo de esta manera por lo que ya mencionamos de la hermana Elena Guerra, fue la Renovación Carismática Católica, cuyo "momento fundacional se considera el fin de semana del 17 al 19 de febrero de 1967," cuando un grupo estudiantes y profesores católicos de la Universidad de Duquesne, entre los que figuraban; William Storey, historiador, y Ralph Keyfer, teólogo, profesores laicos de la Universidad Católica, estando comprometidos en diferentes movimientos (litúrgicos, sociales y apostólicos), compartían la tristeza de un vacío, de una debilidad en la oración y en la acción, como si todo fuera el resultado endeble del propio esfuerzo. Después de cuestionarse, el porqué de esta situación, se dieron cuenta que lo que les hacía falta era el poder de Jesús y de los Apóstoles para predicar el evangelio. Entonces, releyendo detenidamente el Nuevo Testamento, en especial el libro de los Hechos de los Apóstoles, concluyeron que lo que necesitaban era pedirle a Dios que enviara una nueva efusión del Espíritu Santo para tener la fortaleza, el ánimo y la luz para trasmitir el Evangelio y transformar multitudes como lo hizo en el inicio en las comunidades cristianas Pedro, Pablo y los demás apóstoles. Así pues, hicieron un pacto entre ellos: orarían todos los días con el Himno de Pentecostés:

VEN, ESPÍRITU SANTO

Ven, Espíritu Santo,
y envía del cielo
un rayo de tu luz.
Ven, padre de los pobres,
ven, dador de gracias,
ven luz de los corazones.
Consolador magnífico,
dulce huésped del alma,
su dulce refrigerio.
Descanso en la fatiga,
brisa en el estío,
consuelo en el llanto.
¡Oh luz santísima!
Llena lo más íntimo de los corazones de tus fieles.
Sin tu ayuda,
nada hay en el hombre,
nada que sea bueno.
Lava lo que está manchado,
riega lo que está árido,
sana lo que está herido.
Dobla lo que está rígido,
calienta lo que está frío,
endereza lo que está extraviado.
Concede a tus fieles,
que en Ti confían
tus siete sagrados dones.

**Dales el mérito de la virtud,
dales el puerto de la salvación,
dales la felicidad eterna. Amén.**

Entonces sucedió el "famoso" retiro que Patti Gallagher nos relata con más detalle en su libro sobre lo que sucedió aquel fin de semana:

> *"Este grupo de maestros y alumnos que se reunieron el fin de semana en oración delante del santísimo comenzaron a experimentar lo que ahora conocemos como bautismo en el Espíritu Santo o nueva efusión del Espíritu Santo. Muchos empezaron a orar en lenguas. Otros no podían dejar de alabar a Dios o sentían un gran gozo que les llevaba a bailar y rezar sin cesar. Algunos cayeron como fulminados ante el Sagrario de la capilla, en un sentimiento de adoración abrumador. Y no podían dejar de contárselo a todos aquellos que encontraban. "*

Fue un fuego que saltó por las universidades y no sólo católicas, del 8 al 9 de abril de 1967 noventa personas, entre ellas algunos sacerdotes, se congregaron en la Universidad de Notre Dame para reflexionar sobre los acontecimientos. Había nacido la primera Asamblea Carismática Católica o como les llamamos habitualmente en nuestros días "un grupo de oración." Al igual que en los tiempos del primer Pentecostés, éste se propagó rápidamente y desde Duquesne pasó a la Universidad de Notre Dame y de ésta a la Universidad del Estado de Michigan, en Ann Arbor.

En 1969 se celebró un encuentro con quinientos representantes de grupos católicos de oración carismática, que nacían espontáneamente, sin planificación ni organización centralizada. En 1970 había doscientos grupos en EEUU; en 1972 eran doce mil carismáticos católicos en el país. En 1973, solo un año después, se hablaba de entre cien mil y doscientos mil carismáticos. La chispa saltó de EEUU a Francia y a América Latina. De México y Colombia, a través de un matrimonio misionero laico llegó a Barcelona en 1973, y enseguida a Madrid.

Actualmente existen grupos por todo el mundo, millares de personas que dan el mismo testimonio: "Por el poder del Espíritu Santo yo encontré a Jesús como mi Salvador personal y ahora Él es Mi Señor". En todo el mundo hay testigos de que **¡JESÚS ESTÁ VIVO!,** como lo proclamó en vida su fiel servidor el Padre Emiliano Tardiff y que fue testigo de este nuevo auge poderoso en la Iglesia por el poder del Espíritu Santo.

8. No todo es lo mismo en el Pentecostalismo...

Para que no se tome a la ligera el por qué agregué estos datos sobre el Pentecostalismo protestante en mi libro sobre la Renovación Carismática Católica. Los carismáticos católicos, los carismáticos protestantes y los pentecostales tienden a llevarse bien. La revista "CHARISMA MAGAZINE" de carismáticos protestantes con seiscientos mil lectores en EEUU, dedicó toda una portada a la muerte de Juan Pablo II en tonos laudatorios. Ralph Martin, uno de los iniciadores de la Renovación Católica, escribió en CHARISMA artículos explicando la vertiente carismática de Juan Pablo II, que siempre apoyó la Renovación Católica.

Con una fuerte base bíblica, los carismáticos en general tienden a ser pro-vida, pro-familia y teológicamente conservadores… si CONSERVADORES, aunque usted no lo crea. Por su origen humilde y multirracial, han sido factor de cohesión étnica y de superación del racismo en diversos países. Creen en el poder de la oración, en la fuerza de la Palabra de Dios, en la posibilidad cotidiana de milagros, curaciones, mensajes de Dios mediante palabras y profecías. Al creer en milagros y ver abundantes conversiones, creen que es posible transformar la sociedad. En EEUU muchos se vuelcan en el trabajo social y político.

Si has tenido la oportunidad de estar en un grupo de oración carismático te habrás dado cuenta que tanto católicos como protestantes ponen mucho énfasis en la música y el baile como formas de unir la palabra de Dios, la adoración y la alabanza. Yo personalmente he visto como esto ha dado entrada a que muchos católicos que habían perdido el interés en practicar su fe católica, han regresado por el ambiente alegre y jovial que se vive en los grupos de oración, sin embargo, para otros "más conservadores" esto mismo ha sido causa para mantener su distancia con la renovación carismática.

He de señalar que el Pentecostalismo protestante tiene sus puntos débiles, a saber:

1. Tendencia a la división y fragmentación;
2. riesgo de caer en el fraude (la gente busca milagros y los donativos abundantes)';
3. Misticismo inmaduro;
4. Centrarse más en los milagros que en Dios mismo;
5. Peligro de caer en líderes sectarios y autoritarios;

Estos peligros también están presentes en la variante católica, pero los carismáticos católicos de alguna manera se minimizan porque en la mayoría de los casos, los carismáticos católicos se sujetan al pastoreo de líderes laicos, de los párrocos, los obispos y del Santo Padre.

Además debemos señalar que nada impide a un religioso ser miembro de tal o cual congregación y tener una espiritualidad carismática. Así, el padre Rainiero Cantalamessa, predicador del Papa desde hace muchos años, se declara carismático y capuchino, asegurando que la Renovación ha potenciado su espiritualidad franciscana en formas que el mismo no imaginaría.

Los carismáticos católicos tienen instituciones de

coordinación en varios niveles (se ha agregado un capítulo al respecto, sobre tal organización y coordinación en esta edición) con muchos años de experiencia, que evitan los excesos. Así, se combina la Santa Misa, la adoración eucarística, María y los santos, y la enseñanza del Magisterio, con los dones carismáticos, milagros, sanaciones, oración en lenguas y alabanza espontánea y jovial trayendo una fusión de elementos de la vida de fe más holística que beneficia la vida del creyente de manera impresionante.

Como siempre en la historia de las religiones, cuando algo tiene éxito, le salen imitadores. Hay grupos pentecostales que están "en el límite": con una teología más o menos ortodoxa (dentro de los límites "Sola Fide, Sola Scriptura" del protestantismo), ofrecen prosperidad exagerada a quien se entregue al Espíritu Santo. Esta teología o evangelio de la prosperidad se convierte en fraude; entre tales casos encontramos la secta "Pare de Sufrir", que los pentecostales verdaderos rechazan y no reconocen, especializada en cobrar grandes donativos a cambio de supuestas sanaciones, presionar psicológicamente para conseguir más ingresos y vender todo tipo de cachivaches (rosas, pañuelos, agua, la piedrita, pasar debajo del manto, etc.,) 'supuestamente curadores' el hecho de que canten, alaben e impongan manos como los carismáticos hace que algunas personas los confundan. Ojo, mucho ojo… no se deje llevar solo por las manifestaciones externas.

CAPÍTULO II:

TEOLOGÍA DE LA RENOVACIÓN

Muchos pentecostales, además de doctrinas comunes protestantes como "Sola Scriptura" y "Sola Fide", dicen que sólo aquellos que oran en lenguas, tienen el Espíritu Santo. Para la doctrina católica esto es inadmisible: tiene el Espíritu Santo todo aquel que haya sido válidamente bautizado en nombre del Padre, del Hijo y del Espíritu Santo. Otra cosa distinta, dicen los carismáticos católicos, es que los dones del Espíritu estén adormecidos por falta de fe, ansia y práctica, y necesitan un "derramamiento o efusión" para manifestarse. Por eso, cuando los protestantes hablan de "bautizo en el Espíritu" los católicos prefieren decir "una efusión renovada y renovadora del Espíritu". En el mundo católico se suele rezar por esta efusión después de un curso de 7 sesiones semanales, bastante parecido a los de Cursillos de Cristiandad o a las catequesis iniciales del Camino Neocatecumenal (El Kerygma, con temas como: el Amor de Dios, Jesús Señor y Salvador), aunque con hincapié en el Espíritu Santo, sus dones y carismas. Es una evangelización fundamental, kerigmática y carismática que lleva a desarrollar una koinonía más comprometida.

Para los católicos, como para muchos carismáticos protestantes, la oración en lenguas rara vez es *Xenoglosia* (hablar milagrosamente lenguas extranjeras que no se han aprendido) sino, casi siempre se trata de oración de *Glosolalia* (emitir sonidos articulados, bien pronunciados, con fervor, reverencia, voluntad de oración, que San Pablo llama "orar en lenguas" o "gemidos inefables"). Se consideran un don de Dios, no algo forzado o provocado. Sirve para hacer oración verbal, no intelectual, no es imprescindible tener el don para ser carismático católico, no expresa mayor santidad o espiritualidad, pero quienes rezan en lenguas declaran que les ayuda mucho en su vida de oración y les da mayor libertad y cercanía a Dios.

En cuanto a la emotividad, lloros, temblores y otras manifestaciones, el carismático católico los observan como algo natural del ser humano, ya que Dios también actúa sobre la emotividad de los hombres, y éstos también deben ofrecer su emotividad a Dios como le ofrecen su intelecto, su espiritualidad o su vida familiar, económica, laboral y social. Con todo, se tiende a evitar exageraciones, aunque las emociones no se muestran igual en, digamos, la fría Inglaterra que en Ecuador, India o Mozambique, que son mucho más abiertos a la expresión de los sentimientos.

A manera de conclusión, quiero transcribir unas palabras que el Cardenal Suenens escribió en el prólogo del libro de Patti Gallagher Mansfield: *"Jesucristo sigue naciendo místicamente del Espíritu Santo y de María"* y nunca deberíamos separar lo que Dios ha unido. Si nosotros en la Renovación queremos proclamar al mundo a Jesús, necesitamos el Espíritu Santo y necesitamos a María, Madre. Así como María estaba en el aposento alto aquella mañana de Pentecostés, ella está con nosotros cada vez que nosotros volvemos a este lugar tan santo y privilegiado. Solo con que la acogiéramos como Madre como lo hizo el discípulo amado, Juan, nos enseñaría cómo rendirnos a la voluntad del Padre, cómo ser fieles a Jesús hasta la cruz, cómo pedir más del Espíritu Santo con un corazón humilde, puro y dócil, cómo ser una sola familia. Ella es la esposa del Espíritu

Santo sabe mejor que nadie cómo rendirse a Él. Dios te salve María!

Hoy por hoy, el Movimiento de la Renovación Católica Carismática está en cada rincón, por todas partes, contando con más de 125 millones de renovados que lo hacen ser el mayor movimiento dentro de la Iglesia y sigue creciendo.

Con toda razón, el Papa Pablo VI afirmó que la Renovación es una "oportunidad para la Iglesia y el mundo de hoy". Pero... te preguntarás, esencial y teológicamente ¿Qué es o cómo debo entender a la Renovación?

1. ¿Qué es la Renovación?

En esta parte y para tener algunas ideas teológicas sobre las que subyace la renovación presento esta parte que más que definirla, que sería casi imposible, trataremos de describirla con algunos elementos pastorales que le son esenciales:

El Movimiento de Renovación Carismática Católica es, en la Iglesia, como lo señala el sacerdote y autor Salvador Carillo Alday, un movimiento de renacimiento espiritual bajo el signo de Pentecostés: *"Siendo así, no es de extrañar que este movimiento de renacimiento espiritual presente, como medios propios, ciertos elementos que caracterizaron a la comunidad cristiana primitiva, a partir de la experiencia de Pentecostés".*

En el mismo nombre podemos encontrar algunos elementos que le son muy propios. Algunos escritores de hecho, han proclamado que más que un movimiento en la Iglesia, la Renovación, es la misma Iglesia en movimiento, impulsada por la fuerza santificadora del Espíritu Santo al encuentro de su Señor. La renovación, por lo tanto es:

Movimiento, nos señala que no es algo estático e inmutable, sino todo lo contrario, se encuentra en una acción activo-productiva en todo momento.

Renovación, (válgame la redundancia) no se trata de una innovación o una revolución, sino algo que ya existía antes. Por tanto, no es algo nuevo en el sentido estricto de la palabra, sino más bien un florecimiento vital del corazón del Evangelio, como un renacimiento espiritual vivo, sentido y real.

Católica, porque es una expresión del constante Pentecostés que el Espíritu Santo realiza en la Iglesia y en cada uno de sus miembros. Se enmarca dentro del movimiento renovador que el Señor Jesús, por su Divino Espíritu, alma de la Iglesia, está realizando hoy día en Ella, bajo diferentes formas y en diversos ambientes, confirmado, a partir del Concilio Vaticano II. Este Movimiento ha surgido de la Iglesia, se encuentra en el corazón de la Iglesia y es para la Iglesia, no hay ninguna duda al respecto, Pentecostés es un "suceso continuado" que por su origen pertenece a la Iglesia Católica y tiene carácter de universalidad, es decir, que está abierto a la humanidad entera, como lo vemos y lo entendemos en la teología de San Pablo.

Carismática, porque el Espíritu Santo es la fuente y el motor de la renovación de la Iglesia de Cristo. Este movimiento brota del corazón de la comunidad eclesial como un himno de confianza incondicional en la presencia omnipotente del Espíritu Santo en el mundo, que tiende a obrar en el Pueblo de Dios con una efusión carismática parecida a la de Pentecostés en la Iglesia primitiva, y produce los mismos frutos, a saber:

Una experiencia de un encuentro personal con Cristo Vivo y Resucitado, que salva. Como único Salvador, que nos libera de nuestras esclavitudes, especialmente del pecado y sus consecuencias, venciendo su causa, su y nuestro enemigo; Satanás.

Una liberación del pecado, desaparecen hábitos arraigados, dependencias y miedos.

Una renovación interior profunda; que nos mueve a una

auténtica y constante conversión.

Un don de oración personal que brota de lo profundo de nuestro ser con preferencia por la alabanza, pero sin excluir otros modos de hecho mueve a ir descubriendo nuevos modos o formas de relacionarse con Dios por medio de la oración.

Un amor por la Sagrada Escritura como Palabra de Dios, la cual recobra actualidad, llega hasta el fondo y alimenta el corazón y la mente.

Un ímpetu apostólico decidido a testimoniar a Jesús, mediante la proclamación de Él, como Señor que nos lleva a consagrar todo cuanto se es y se tiene, para que de ahí en adelante El rija y gobierne efectivamente nuestra vida de acuerdo a los criterios evangélicos. Convirtiéndonos en verdaderos testigos con poder.

El deseo del Reino, con una nueva manera de mirar las postrimerías de la humanidad. Se encuentra gozo en decir "Maranatha", "Ven Señor Jesús" como en Apoc. 22, 20.

La presencia de algunos carismas espirituales que se mencionan en 1Cor 12, como lo señalan los Estatutos del Movimiento de la Renovación Carismática de la Arquidiócesis de Galveston-Houston, y muchos más que se adecuan a las necesidades particulares y concretas de cada comunidad.

En este Movimiento se es consciente, por experiencia, del papel del Espíritu Santo en la persona de Cristo, la Iglesia y en cada cristiano.

2. Tiene una Visión Trinitaria

Basada en los siguientes principios:

La experiencia de sentirnos y ser hijos e hijas amados del Padre. Esta gracia que forma parte del primer anuncio, del

Kerigma, del grito gozoso que nos lleva no solo a reconocer nuestra filiación divina y a sabernos hijos de Dios; sino sentir la alegría y el honor de serlo. Es así, que se vive en confianza y en un abandono total a su mirada amorosa, providente y misericordiosa. Ya no vemos a Dios como un inspector y policía que lleva cuenta de nuestra conducta, de nuestros malos actos, y mucho menos a un Dios castigador como se nos hizo creer en nuestra infancia y como se entendía en el Antiguo Testamento con un Dios que manda; mata, destruye, conquista, pelea; Yahvé 'Shebaot', sino más bien, a un Dios 'Abba' bueno y lleno de amor que es fuente de alegría, paz y felicidad. Experimentando un amor personal, individual, incondicional y firme, nos sabemos y sentimos amados, apapachados por el amor tremendo y abrasador del Dios de ternura que nos menciona el profeta Isaías y que nos vino a presentar Jesús.

Salvados por Jesucristo. Quien habiéndose hecho carne, padeció, murió y resucitó como una persona real y presente en la vida del creyente que se adhiere a Él, por la fe. Se llega a la conciencia de que Jesús está realmente Vivo hoy y que actúa con poder en nuestras vidas tal y como lo hizo hace 2000 años. Se vive la experiencia de ser salvados en todo nuestro ser y en áreas bien concretas de nuestra vida. Como al principio de la Iglesia, el misterio pascual es el punto de partida y la fuente de donde toma toda su riqueza esta renovación.

Llenos del Espíritu Santo. El mismo Señor glorificado, nos llena de su Espíritu para comunicarnos la vida en abundancia que Él mismo vino a ganarnos mediante su muerte y resurrección. Este Espíritu se convierte en lo que nos mueve, llega a ser la fuente de nuestras motivaciones, la fuerza de todo nuestro actuar. Ya no solo se le considera como un huésped (pasivo) en nuestras almas dado en el Bautismo, sino el motor de nuestra vida completa, que actúa con poder, nos sostiene en esta VIDA NUEVA y nos impulsa a contribuir a la edificación del Cuerpo Místico de Cristo que es la Iglesia.

3. Tiene una Visión Pentecostal

En el IV Encuentro Internacional de líderes de la Renovación, el cardenal Suenens proponía otro nombre alterno que describía un poco más esta corriente de gracia en la Iglesia: "Renovación Pentecostal Católica" Antes que nada debemos quitarnos de nuestra mente, todo prejuicio por cómo nos suene el término "Pentecostal" afirmando que la Iglesia misma nació al impulso del Espíritu Santo el día de Pentecostés. Este Espíritu es la fuente que da vida a la Iglesia y a su vez es su principio renovador. Es "Pentecostal" en tanto que se centra y tiene su fundamento en "la experiencia del Espíritu Santo" como la tuvieron los apóstoles al reunirse en oración en el cenáculo aquel día de Pentecostés. Se trata pues de vivir un Pentecostés personal que nos integre de una forma más sólida y comprometida al Cuerpo de Cristo que es la Iglesia.

En mejores palabras y como lo señaló su santidad Pablo VI: "La Renovación más que ser un nuevo Pentecostés, trata de ser un "Pentecostés permanente en la Iglesia".

Tal y como sucedió en aquella primera manifestación sigue sucediendo en nuestros días, con manifestaciones muy semejantes y sin duda como lo explico en el capítulo sobre "Renovando la Renovación", otras nuevas.

4. Tiene una Visión Carismática

Este Movimiento es conocido como "Renovación Carismática"

subrayando así el importante papel que juegan los dones y carismas de Dios, siendo el primero y el más importante el mismo Espíritu Santo. En la Renovación se es consciente del papel tan importante de los carismas en la predicación del Evangelio y en la construcción de la comunidad, no limitando éstos a unos cuantos, ni mucho menos a asuntos solitarios del pasado.

Se viven hoy "los prodigios del Pentecostés permanente en nuestra Iglesia" que anunció su santidad Juan XXIII y proclamó como algo real su homólogo y sucesor, Pablo VI. La finalidad de los carismas es presentarnos a Cristo Vivo que sigue actuando en su Iglesia y a través de Ella por el poder del Espíritu Santo.

CAPÍTULO III:

LA RENOVACIÓN Y EL MAGISTERIO DE LA IGLESIA

La autoridad suprema para discernir la autenticidad de un movimiento en la Iglesia pertenece al Papa. Es de suma importancia resaltar que todos los Papas han apoyado públicamente a la Renovación Carismática desde su comienzo bajo el pontificado de Pablo VI

La Renovación Carismática, como otros movimientos laicales reconocidos en la Iglesia Católica, está bajo la autoridad del Pontificio Consejo para los Laicos, el dicasterio de la Curia Romana al servicio de los fieles laicos que tiene la responsabilidad de discernir la autenticidad de todos los movimientos.

Como lo presenta el padre Diego Jaramillo en su libro sobre la renovación, el Espíritu Santo es el alma de la Iglesia. Hablar de Él no es novedad, pero puede parecernos hasta cierto punto novedoso. Durante los siglos XIX y XX varios de los mejores teólogos reflexionaron acerca de la actividad del Espíritu Santo, como el alemán Juan Adán Moehler, en 1825 estudió la "Unidad de la Iglesia", comunidad de vida originada en el Espíritu Santo. Otro alemán, Matías Scheeben (1835-1888) estudió el actuar personal del Espíritu de Dios en cada cristiano; en Francia el padre Clérissac afirmó, en 1918, la existencia de los carismas, y, a partir de 1940 Carl Rahner y Yves Congar afirmaron que los carismas son factores esenciales y normales en la vida de la comunidad eclesial. Estas reflexiones marcaron un rumbo en la teología, que tras haberse centrado en el misterio de Dios Padre había pasado a una visión cristo céntrica, y llegaba a complementarse con una interpretación del actuar del Espíritu Santo.

Sin más preámbulos, en este capítulo segundo quiero presentar las posturas de los pontífices y algunos cardenales respecto a los nuevos movimientos y a la Renovación Carismática en particular.

Si bien, es cierto que, como ya lo mencionamos, todos los sucesores de Pedro de nuestros días han reconocido y apoyado este movimiento desde sus inicios, también, por otro lado, hay muchos laicos, sacerdotes y obispos que no sólo, no son afines a esta espiritualidad, sino que la rechazan del todo. Para los que apoyan y son parte de lo que está haciendo el Espíritu Santo en la Iglesia a través de esta bendita Renovación. Y para los que están en desacuerdo y la rechazan, presento un compendio sencillo de lo que nuestros "SANTOS PEDROS" han dicho al respecto.

1. El Papa Pío XII (Eugenio Pacelli 2 de marzo de 1939 al 9 de octubre de 1958), preparando el terreno

El influjo del pensamiento teológico acerca del Espíritu de Dios y de sus carismas se sintió luego en las declaraciones del magisterio. Las encíclicas de Pío XII sobre el Cuerpo Místico de Cristo y sobre la Liturgia (Mystici *Corporis y Mediator Dei*) y la doctrina del Vaticano II lo ponen de manifiesto. En todos esos documentos se subraya la necesidad que la Iglesia tiene de la luz divina. Así lo decía Pío XII:

> *"Deseamos y oramos para que, como en otro tiempo sobre la Iglesia Naciente, también hoy descienda copiosamente el Espíritu santo por la intercesión de María, Reina de los Apóstoles y de todo el apostolado".*

En su carta acerca del Cuerpo Místico de Cristo, el Papa Pío XII enseña que la Iglesia de Jesús abunda en carismas permanentemente: *"Los carismáticos, dotados de dones prodigiosos, nunca han de faltar en la Iglesia"*. Citando a San Agustín y aludiendo a la abundantísima comunicación del Espíritu con que se enriquece la Iglesia, dice el papa Pío XII:

> *"Rasgado el velo del templo, sucedió que el rocío de los carismas del Paráclito, que hasta entonces solamente había descendido sobre el vellón de Gedeón, es decir, sobre el pueblo de Israel, regó abundantemente, secado y desechado ya ese vellón, toda la tierra, es decir, la Iglesia católica que no había de conocer confines algunos de estirpe o territorio".*

Y más adelante en la misma encíclica afirma:

> *"Todas las virtudes, todos los dones, todos los carismas*

que adornan a la sociedad cristiana, resplandecen perfectísimamente en su cabeza, Cristo".

En los escritos del Papa Pío XII encontramos un sentido diferente de la palabra carisma o carismático: se designa así a una pretendida forma de Iglesia espiritual o "neumática", en oposición o al menos en lejanía con la Iglesia Jerárquica. Esta acepción de la voz "carismático" no ayudaría más tarde a la difusión de la Renovación espiritual, que para algunos aparecería como rebelde o al menos indiferente ante la autoridad.

2. Juan XXIII, (Ángelo Giuseppe Roncalli, 1958 – 1963) "El Papa Bueno", precursor y profeta de una "renovación" en la Iglesia

Podemos decir que Juan XXIII es el precursor de la Renovación Carismática, en el sentido de que es él, quien desata una serie de cambios en la Iglesia Universal al convocar un nuevo Concilio Ecuménico. El Beato Juan XXIII es considerado por muchos, como un profeta de la Renovación Carismática Católica. En enero de 1959, al anunciar el Concilio que pensaba convocar, compuso personalmente la siguiente oración para pedir ayuda al Espíritu Santo:

"Oh, Espíritu Santo,
enviado por el Padre en el nombre de Jesús,
que estás presente en la Iglesia y la guías infaliblemente:
Te rogamos que derrames la abundancia de tus dones
sobre el Concilio Ecuménico.
Repítase en el Pueblo Cristiano
el espectáculo de los apóstoles
reunidos en Jerusalén,
después de la ascensión de Jesús al cielo,
cuando la Iglesia Naciente se encontró
unida en comunión de pensamiento y de plegaria
con Pedro y en torno a Pedro,
pastor de los corderos y las ovejas.
Dígnese el Divino Espíritu escuchar
de la forma más consoladora
la plegaria que asciende a Él
desde todos los rincones de la tierra.
Renueva en nuestro tiempo los prodigios
de un nuevo Pentecostés,
y concede que la Santa Iglesia,
permaneciendo unánime en la oración,
con María, la madre de Jesús,
y bajo la dirección de Pedro,
acreciente el Reino del Divino Salvador,

> *reino de Verdad y Justicia,*
> *reino de amor y de paz.*

Esta oración se convirtió en el testimonio perfecto del "Papa Bueno", de su deseo profundo de una Renovación que la Iglesia pedía a gritos. El beato Juan XXIII vio el inicio del Concilio Vaticano II, al que el mismo lo denomina como un "Nuevo Pentecostés" para la Iglesia y al que muchos ya han llamado o considerado el "Concilio del Espíritu" por la forma que este inició y los frutos de renovación sin precedentes que trajo para la Iglesia y el mundo a finales del siglo XX y principios del XXI.

3. Pablo VI, (Giovanni Montini, 1963- 1978), Continuador del entusiasmo de Juan XXIII

En Grottaferrata, cerca de Roma, del 8 al 12 de octubre de 1973 tuvo lugar la Primera Conferencia Internacional de Líderes de la Renovación Carismática Católica, en esta reunión donde asistieron 120 dirigentes procedentes de 34 países; el Papa en su mensaje señaló cosas muy importantes respecto al movimiento como: *"Nos alegramos con vosotros queridos hermanos por la renovación de vida espiritual que se manifiesta hoy día en la Iglesia..."*

Como lo señala José (Pepe) Prado en su libro: ¿Qué dice Roma de la Renovación Carismática? publicado por Kerigma en 1999; El Papa Pablo VI menciona que reconociendo los frutos visibles que se convertían en signos preciosos de algo bueno dentro de la iglesia en los comienzos del movimiento: *"Ciertas notas comunes aparecen en esta renovación";*

- *el gusto por la oración profunda, personal y comunitaria,*
- *un retorno a la contemplación y un énfasis puesto en la alabanza a Dios,*
- *el deseo de entregarse totalmente a Cristo,*
- *una gran disponibilidad a las inspiraciones del Espíritu Santo,*
- *una amplia abnegación fraterna,*
- *la voluntad de prestar una colaboración a los servicios de la Iglesia;*

"En todo esto podemos conocer la obra misteriosa y discreta del Espíritu que es el alma de la Iglesia."

En el mismo libro de José 'Pepe' Prado menciona que respecto a los pastores, guías, sacerdotes, obispos de la Iglesia, el mismo pontífice los invita a lo siguiente:

"Una obra de discernimiento es indispensable; la cual

corresponde a aquellos que tienen esta misión en la Iglesia: 'les toca especialmente no extinguir el Espíritu, sino probarlo todo y quedarse con lo bueno' (Cf. 1Tes. 5,12.19-21), (Lumen Gentium n. 12). De este modo progresa al bien común de la Iglesia al cual se ordenan los dones Espirituales".

Y continúa: En la Segunda Conferencia Internacional de Líderes de la Renovación Carismática, realizada en la Solemnidad de Pentecostés del año de 1973, el Papa Pablo VI escribió lo siguiente:

"Todos debemos ponernos a disposición del soplo misterioso, si bien ahora, en cierto modo identificable, del Espíritu Santo. No carece de significado el hecho de que precisamente el día de Pentecostés, el año santo despliegue sus velas en cada una de las iglesias locales, a fin de que una nueva navegación, un nuevo movimiento verdaderamente neumático, esto sea, carismático, impulse en una única dirección y en concorde emulación a la humanidad creyente hacia las nuevas metas de la historia cristiana, hacia su puerto escatológico."

Con estas Palabras Su Santidad, Pablo VI, daba lugar y abría las puertas a este fenómeno-movimiento tremendo de fe que surgiría para una etapa nueva de la historia que su predecesor Juan XXIII, había visionado. Así pues, debemos afirmar que si Juan XXIII había abierto las ventanas de la Iglesia al viento renovador, Pablo VI abría las puertas de par en par.

En el Tercer Congreso Internacional de la Renovación Carismática El Santo Padre, Pablo VI dirigió un mensaje eclesial precioso:

"Nos habéis pedido que nos encontremos hoy con vosotros y que os dirijamos la palabra: de esta forma habéis querido manifestar vuestra adhesión a la Iglesia instituida por Jesucristo y a todo lo que para vosotros

representa esta sede de San Pedro. Este interés por situaros dentro de la Iglesia es signo auténtico de la acción del Espíritu Santo: pues Dios se hizo hombre en Jesucristo, cuyo cuerpo místico es la Iglesia, en la cual fue comunicado el Espíritu de Cristo el día de Pentecostés, cuando descendió sobre los apóstoles en el 'aposento alto' perseverando unánimes en la oración, con María, la madre de Jesús" (Cf. Hech. 1, 13-14).

4. Cardenal Leo Joseph Suenens, (1904-1996) Pionero, Voz y Padrino de la Renovación en la Jerarquía Eclesial

El Cardenal Suenens es sin lugar a duda uno de los protagonistas del Concilio Vaticano II y pionero en el movimiento carismático católico.

En una Catequesis en 1974 explicada en el Libro "¿Un Nuevo Pentecostés?" El Papa Pablo VI mencionó el texto y lo complementó. Son de apreciar las palabras que señala en su conclusión:

> *"Si la Iglesia sabe entrar en una fase de tal predisposición a la nueva y perenne venida del Espíritu Santo, Él, la "luz de los corazones", no tardará en concederse, para gozo, luz, fortaleza, virtud apostólica y caridad unitiva de todo lo cual tiene hoy necesidad la Iglesia. Amén, Con nuestra bendición apostólica..."*

En este sentido, La Renovación Carismática Católica es, según el Cardenal Suenens, como una segunda gracia de Dios a la Iglesia y al mundo, después de esa primera gracia que fue el Concilio Vaticano II. *"El concilio fue una gracia Pentecostal para los obispos; la Renovación es una gracia Pentecostal para todo el Pueblo de Dios."*

Finalmente, creo de gran importancia transcribir palabra por palabra, un mensaje dirigido por el cardenal Suenens a los Obispos, Sacerdotes y Diáconos, sobre todo a aquellos que no se sentían (ni se sienten hasta el día de hoy) afines con la Renovación Carismática o de plano la han rechazado:

> *"Mi mensaje es doble: va dirigido primeramente a la parte invisible de Obispos, sacerdotes y diáconos que no están aquí, a quienes desde lo más profundo de mi corazón quisiera presentar una súplica pidiéndoles tres cosas. Reconozcan la Renovación, integren la*

Renovación, eviten ciertas cosas. *Pero también hablo para los líderes que se encuentran aquí, a los cuales pido lo mismo, pero desde el otro lado. Mi gran sufrimiento es cómo convencer a nuestros Obispos y sacerdotes. No a todos afortunadamente, pero tenemos que ser muy realistas: Muchos no ven lo que está sucediendo en la Renovación Carismática. Mi petición es: por favor, reconozcan la visitación del Señor, una gracia dada a la Iglesia y al mundo de hoy en esta Renovación, renovación extraña porque surge de la nada, de una forma muy inesperada y de "América" precisamente. ¿Cómo explicar esto? Yo no me lo explico, también me sorprende. Pero por favor reconozcamos el gran don que el Señor nos está dando. Todo el mundo habla de los signos de los tiempos. No busquen solamente los signos de los tiempos en el mundo. Busquémoslos también en las estrellas de los cielos, pues hay algo, una gracia extraordinaria que viene a renovar a la Iglesia desde dentro, sin que pretenda tener el monopolio de ningún tipo, ya que todos somos carismático. Esto es muy importante. No somos un pueblo especial, sino cristianos normales. Naturalmente se utiliza la palabra carismático porque de alguna forma se ha de caracterizar a esta renovación. Es lo mismo que cuando se pregunta ¿Sois jesuitas? Podemos responder: todos somos de la compañía de Jesús, aunque algunos han tomado el título.*
Obispos, traten de abrir la mente y el corazón a las sorpresas del Espíritu Santo. Es sorpresa, porque no es la forma normal. Cuando el Espíritu sopla escuchen, dejen que el Espíritu sople. Recuerden al Papa Juan XXIII cuando oró por un Nuevo Pentecostés. El Vaticano II fue el comienzo de este nuevo Pentecostés y creo que la Renovación Carismática es una continuación del Concilio. ¿Qué pasará dentro de veinte años? De momento yo veo un movimiento muy grande del Espíritu.

(No se equivocó de ninguna forma el cardenal Suenens, pues el crecimiento de esta gracia en la Iglesia se ha dado a pasos agigantados). Y continuo:

> *"Obispos, por favor, no vean la Renovación Carismática como un movimiento cualquiera, sino como un movimiento del Espíritu. No pierdan el tiempo para ver dónde se sitúa y se pone o cómo encaja dentro de sus planes. Olviden sus planes y dejen que el Espíritu los inspire. Queridos obispos, crean en esto, es Pentecostés, es lo que sucedió al comienzo de la Iglesia. No hay razón para que esto sólo sucediera al principio, lo esperemos o no lo esperemos. Yo tampoco lo esperaba. En el Vaticano II tuve un discurso en favor de los carismas y nunca pude suponer que unos años más tarde llegaría a ser una cosa tan fuerte. Esta es, pues, mi súplica a los Obispos: Sepan que el Señor está haciendo algo muy importante para la Iglesia. Estén abiertos a ello.*

5. Juan Pablo I (Albino Luciani, 1978)

En los cortos 33 días del pontificado del Papa Juan Pablo I no alcanza pronunciarse respecto a la Renovación Carismática, sin embargo, existe una carta que el Patriarca le envió al Cardenal Suenens respecto al libro *un Nuevo Pentecostés*.

> *"Tu libro fue y será una valiosa guía para mí por haberme hecho leer nuevamente los Hechos. Gracias por el bien que le has hecho a mi alma y por el servicio que le has prestado a la Iglesia a través de tu inspiración..."*

6. Juan Pablo II, (Karol Woijtyla, 1978-2005), Una herencia de su padre, "El Papa del Espíritu Santo."

En una audiencia que dio su santidad Juan Pablo II el 11 de diciembre de 1979 dijo lo siguiente:

"Yo siempre he pertenecido a esta renovación en el Espíritu Santo. Mi propia experiencia es muy interesante. Cuando estaba en la escuela, tenía más o menos 12 o 13 años, a veces tenía dificultades en mis estudios, en particular con las matemáticas."
Y continúa... *"Mi padre me dio un libro de oración lo abrió en una página y me dijo: Aquí tienes la oración del Espíritu Santo. Debes decir esta oración todos los días de tu vida. Y he permanecido fiel a esta orden por ya más de 50 años. Así fue mi primera iniciación espiritual, de manera que puedo entender lo relacionado con diferentes carismas. Todos ellos son parte de la riqueza del Señor. Yo estoy convencido que este movimiento es un signo de su acción. El mundo necesita de esta acción del Espíritu Santo y de muchos instrumentos para esta acción. Yo veo que este movimiento está en actividad por todas partes; en mi propio país he visto una presencia especial del Espíritu Santo. De esta manera estoy convencido que este movimiento es un componente muy importante de esta total renovación espiritual de la Iglesia."*

El 14 de marzo del 2002 al celebrar el 30 aniversario de la Renovación Carismática en Italia, en la ciudad del Vaticano afirmo: *"¡Sí! --exclamó con entusiasmo el Papa al dar la bienvenida a los «carismáticos», como comúnmente son conocidos--.*

La Renovación en el Espíritu puede ser considerada como un don especial del Espíritu Santo a la Iglesia en nuestro tiempo". Y agregó: *"Nacido en la Iglesia y para la Iglesia --constató--, en vuestro movimiento se experimenta a la luz del Evangelio el encuentro vivo con Jesús, la fidelidad a Dios en la oración personal y comunitaria, la escucha confiada en la Palabra, el descubrimiento vital de los Sacramentos, así como la valentía en las pruebas y la esperanza en las tribulaciones".*

El 29 mayo, 2004 aproximadamente un año antes de su muerte, afirmó lo siguiente respecto a la Renovación:

"Gracias al movimiento carismático, muchos cristianos, hombres y mujeres, jóvenes y adultos, han redescubierto Pentecostés como realidad viva y presente en su existencia cotidiana. Deseo que la espiritualidad de Pentecostés se difunda en la Iglesia, como empuje renovado de oración, de santidad, de comunión y de anuncio".

El Papa alentó la iniciativa denominada «Zarza ardiente», promovida por la Renovación en el Espíritu, que como él ilustró, *"es una adoración incesante, día y noche, ante el santísimo Sacramento; una invitación a los fieles a "regresar al Cenáculo".* Su objetivo, según el Papa, es que los bautizados,

"Unidos en la contemplación del Misterio Eucarístico, intercedan por la unidad plena de los cristianos y por la conversión de los pecadores. Deseo de corazón que esta iniciativa les lleve a muchos a redescubrir los dones del Espíritu, que en Pentecostés tienen su manantial. Entre nosotros, con las manos elevadas, está orando la Virgen, Madre de Cristo y de la Iglesia. Imploremos junto a ella y acojamos el don del Espíritu Santo, luz de verdad, fuerza de auténtica paz".

El padre Diego Jaramillo, rememorando el legado de Juan Pablo II, escribió: Juan Pablo II se empeñó en difundir "una cultura de Pentecostés", en crear "un clima de Pentecostés". Por eso durante años, en las catequesis impartidas en las audiencias de los miércoles, habló del Espíritu Santo; escribió la encíclica *"Dominum et Vivificantem"* acerca de esta divina persona. Organizó el Primer Congreso Internacional de Neumatología y vivió invocando su luz, su guía y su presencia. A Juan Pablo II lo podríamos llamar "El Papa del Espíritu Santo".

7. El Cardenal Dominico Yves Marie Joseph Congar (1904-1995), El impulsor del protagonismo de los laicos

La estatura intelectual y espiritual de Yves Congar, uno de los teólogos más influyentes de la Iglesia en el siglo XX y hasta nuestros días ha cobrado nueva fuerza con la publicación de los pensamientos que escribió en los años difíciles en los que estuvo sometido a sanciones por parte de Roma. Congar fue uno de los grandes protagonistas con su pensamiento teológico del Concilio Vaticano II y un auténtico pionero en campos del ecumenismo o la teología del laicado. Por este motivo, Juan Pablo II le nombró cardenal en 1994, como coronamiento de su largo y fiel servicio a la verdad y a la Iglesia.

El Cardenal Congar comenta que la Renovación Carismática no es solamente una moda. Sus frutos se perciben de inmediato; se trata de una fuerte acción espiritual que cambia vidas. No es solamente un "reavivamiento", sino una verdadera renovación, un rejuvenecimiento, un frescor, una actualización de posibilidades nuevas que surgen de la Iglesia siempre antigua y siempre actual. La Renovación tiene su propio lugar en la Iglesia; más aún, se sitúa en el corazón mismo de ella, configurándose plenamente con la nota de eclesialidad, de la que habla Christifideles Laici #30:

> *"La necesidad de unos criterios claros y precisos de discernimiento y reconocimiento de las asociaciones laicales, también llamados «criterios de eclesialidad», es algo que se comprende siempre en la perspectiva de la comunión y misión de la Iglesia..."*

Cabe señalar que cada uno de estos criterios que presenta el documento se viven y se promueven de una u otra forma en la Renovación Carismática Católica.

8. Benedicto XVI (Joseph Alois Ratzinger, 2005-2013), "Una nueva primavera en la Iglesia."

Cuando aún era cardenal y Prefecto de la Congregación para la Doctrina de la Fe en un documento titulado **"La Esperanza de los Movimientos"** señaló lo siguiente:

> *"Todo Concilio es una reforma que desde el vértice debe después llegar a la base de los creyentes".* Y continúa: *"Es decir, todo concilio, para que resulte verdaderamente fructífero, debe ir seguido de una floración de santidad. La salvación para la Iglesia viene de su interior; pero esto no quiere decir que venga de las alturas, es decir, de los decretos de la jerarquía. Dependerá de todos los católicos, llamados a darle vida, el que el Vaticano II y sus consecuencias sean considerados en el futuro como un período luminoso para la historia de la Iglesia".*

Refiriéndose concretamente a lo que a lo largo y ancho de la Iglesia universal resuena con tonos de esperanza —y esto sucede justamente en el corazón de la crisis de la Iglesia en el mundo occidental—

> *"Es la floración de nuevos movimientos que nadie planea, ni convoca y surgen de la intrínseca vitalidad de la fe. En ellos se manifiesta -muy tenuemente, es cierto- algo así como una primavera Pentecostal en la Iglesia".* Concluye señalando lo siguiente: *"Está forjándose una nueva generación de la Iglesia, que contemplo esperanzado. Encuentro maravilloso que el Espíritu sea, una vez más, más poderoso que nuestros proyectos y juzgue de manera muy distinta a como nos imaginábamos. En este sentido la renovación es callada, pero avanza con eficacia". "Se abandonan las formas antiguas, encalladas en su propia contradicción y en el regusto de la negación, y está llegando lo nuevo. Cierto, apenas se lo oye todavía en el gran diálogo de las ideas*

reinantes. Crece en silencio. Nuestro quehacer -el de los ministros de la Iglesia y de los teólogos- es mantenerle abiertas las puertas, disponerle el lugar".

Como Prefecto para la Congregación para la Doctrina de la Fe, en su presentación del libro del Cardenal Suenens sobre la Renovación Carismática, reconoció el bien que ocurre en la Renovación Carismática y presentó algunas cautelas:

"En el corazón de un mundo inmerso en un escepticismo racionalista, de repente surge una nueva experiencia del Espíritu Santo. Y desde entonces ha asumido la expansión de un movimiento mundial de renovación. Lo que el Nuevo Testamento nos dice sobre los carismas -que fueron vistos como signos visibles del advenimiento del Espíritu- no es solo historia antigua, ya terminada, sino que una vez más se está siendo extremadamente actual".

Hablando del tema del libro: "Renovación y el Poder de las Tinieblas", dice:

"¿Cuál es la relación entre experiencia personal y la fe común de la Iglesia? Ambos factores son importantes: la fe dogmática sin el apoyo de la experiencia personal permanece vacía; la sola experiencia, sin relación a la fe de la Iglesia permanece ciega.

Finalmente, él exhorta a quienes lean el libro, a poner atención a la doble petición del autor y tomado del libro del Cardenal Suenens, Renovación y el Poder de las tinieblas con las siguientes palabras:

"...a los responsables del ministerio eclesiástico - desde el sacerdote parroquial hasta los obispos- no dejar que la Renovación les pase sino que le den una completa bienvenida; y por la otra parte... a los miembros de la Renovación que atesoren y mantengan su vínculo con

toda la Iglesia y con los carismas de sus pastores".

Recientemente en una reunión con el presbiterio de la diócesis de Roma, ya como sucesor de Pedro, Benedicto XVI reafirmó su postura acerca de los nuevos movimientos, en especial de la renovación y pedía que abrieran sus brazos a esto "nuevo" que está pasando en la Iglesia, les invitaba a que le dieran la bienvenida e impulsaran acomodando sus proyectos pastorales a este nuevo soplo del Espíritu. Respondiendo a preguntas planteadas por los párrocos, y cuyas respuestas fueron dadas a conocer hoy más extensamente por la Oficina de Prensa de la Santa Sede, con los párrocos romanos en la Ciudad del Vaticano en 23 de febrero del 2007, el Pontífice señaló:

"...que los nuevos movimientos eclesiales hacen necesario un diálogo en todos los niveles; "pero no hay que apagar los carismas", señaló. *"Si el Señor nos concede nuevos dones, tenemos que agradecérselo aunque sean incómodos. Es bonito que nazcan sin una iniciativa de la jerarquía. Nacen de una iniciativa 'desde abajo' -como se dice- pero en realidad, el nacimiento de nuevas formas de vida de la Iglesia, como ha sucedido en todos los siglos, también responde a una iniciativa que viene 'de arriba', es decir, de los dones del Espíritu Santo".*

9. Francisco (Jorge Bergoglio, 2013...)

En su visita a Brasil, a propósito de la Jornada Mundial de la Juventud que se realizó en Río de Janeiro cuando volaba de regreso a la Ciudad Eterna, Roma; en la entrevista que sostuvo con los periodistas que acompañaron este viaje de regreso el 28 de Julio del 2013 El periodista brasileño Marcio Campos le preguntó lo siguiente:

> *Santidad, Santo Padre. Quiero decirle que cuando tenga nostalgia de Brasil, del alegre pueblo brasileño, se abrace a la bandera que le he entregado. Quisiera expresar también mi agradecimiento a mis colegas de los diarios Folha de São Paulo, Estado, Globo y Veja por permitirme representarlos con esta pregunta. Santo Padre, es muy difícil acompañar a un Papa, muy difícil. Estamos todos cansados, usted está bien y nosotros estamos cansados. En Brasil, la Iglesia católica ha perdido fieles en estos últimos años. El Movimiento de la Renovación Carismática, ¿es una baza para evitar que los fieles se vayan a las iglesias pentecostales? Muchas gracias por su presencia y por estar con nosotros.*

A lo que el Papa Francisco respondió (Transcrito de la página web del Vaticano: www.vatican.va en la sesión de discursos del Papa Francisco):

> *Es muy cierto lo que dice sobre el descenso del número de fieles; es cierto, es cierto. Ahí están las estadísticas. Hemos hablado con los obispos brasileños del problema, en una reunión que tuvimos ayer. Usted preguntaba por el Movimiento de la Renovación Carismática. Les digo una cosa. Hace años, al final de los años setenta, inicio de los ochenta, yo no los podía ver. Una vez, hablando con ellos, dije esta frase: "Éstos confunden una celebración litúrgica con una escuela de samba". Esto fue lo que dije. Me he arrepentido. Después los he conocido mejor. Es también cierto que el movimiento, con buenos asesores, ha hecho un buen*

camino. Y ahora creo que este movimiento, en general, hace mucho bien a la Iglesia. En Buenos Aires, yo les reunía frecuentemente y una vez al año celebraba la Misa con todos ellos en la catedral. Les he apoyado siempre, cuando me he convertido, cuando he visto el bien que hacían. Porque en este momento de la Iglesia —y aquí amplío un poco la respuesta— creo que los movimientos son necesarios. Los movimientos son una gracia del Espíritu. "¿Pero cómo se puede sostener un movimiento que es tan libre?". También la Iglesia es libre. El Espíritu Santo hace lo que quiere. Además, Él hace el trabajo de la armonía, pero creo que los movimientos son una gracia: aquellos movimientos que tienen el espíritu de la Iglesia. Por eso creo que el Movimiento de la Renovación Carismática no sólo sirve para evitar que algunos pasen a las confesiones pentecostales: no es eso. Sirve a la misma Iglesia. Nos renueva. Y cada uno busca su propio movimiento según su propio carisma, donde lo lleva el Espíritu.

Como conclusión de este capítulo me gustaría resaltar la importancia y relevancia que tiene para todos los renovados el saber que ha dicho el Magisterio de la Iglesia. Pues al darnos cuenta, nos corrobora lo vivido y nos ayuda a explicar desde la experiencia y la razón a aquellos que no sólo no pueden ver y descubrir la riqueza que hay en ella, sino que de manera recia y no pocas veces injusta, la rechazan tajantemente, sin interesarse en conocer de qué se trata, qué propone y qué dice el Magisterio de la Iglesia respecto a ella.

Sin embargo, este capítulo no pretende enfocarse sólo en el aspecto apologético, sino que desea alcanzar de verdad, sin ofender; criterios más amplios y abiertos para aquellos que condenan sin investigar. Es cierto que el magisterio también ha señalado las dificultades que pueden suceder en este movimiento como en cualquier otro en el que se hace presente la naturaleza humana y no pocas veces desacredita lo que el Espíritu está haciendo en la Iglesia, conscientes de ello, invito a la investigación, la apertura y el discernimiento libre de supuestos prejuiciados y descubrir la riqueza de la acción de Dios en medio de nosotros, Dios está actuando, en ocasiones de manera explícita, otras de manera velada, pero de que está actuando, eso es una certeza.

CAPÍTULO IV:

ELEMENTOS O MEDIOS DE LA RENOVACIÓN

Es también de suma importancia, tener el conocimiento básico de algunos conceptos fundamentales del quehacer de la renovación. Cabe señalar que los elementos que voy a presentar poseen cierta universalidad por el dominio popular que se ha dado de ellos en el movimiento, no importando dónde se practique éste. Puede ser que alguno de los términos usados difiera, pero el contenido general debe quedar lo más claro posible. También, debo reconocer que nos encontramos hoy en una encrucijada acerca de la terminología que debería usarse para designar cada actividad que se realiza. Dado la riqueza y lo equívoco del lenguaje, sería demasiado pretencioso sentar algunos términos con universalidad absoluta.

Por eso, en un esfuerzo por definir, sin pretender encasillar o enjaular esta fuerza arrasadora del Espíritu que sigue moviendo a la Iglesia hacia la plenitud, trataré de presentar de una manera sencilla y clara estos elementos o medios concretos de la Renovación Carismática Católica.

1. Asamblea de Oración

La cual es normalmente una reunión semanal, abierta a la comunidad parroquial, es un lugar de animación, coordinación y comunión; muy al estilo o inspirada en lo que nos narra el libro de Hechos 2, 42-44: *"Todos los creyentes vivían unidos y compartían todo lo que tenían".*

Su finalidad primordial es la oración en común; por ello, como lo menciona el Padre Diego Jaramillo en la página 145 de su libro sobre la Renovación Carismática: "se preferirá en su desarrollo cuanto la facilite, y se evitarán las circunstancias que la dificulten".

En ella, los fieles elevan al Padre su oración de acción de gracias, alabanza, adoración y petición; por Cristo, el Señor, Centro de la reunión, con Él y en Él; en la unidad del Espíritu Santo, principio activo que crea la comunidad; y en compañía de la Virgen María, Madre de Dios y de la Iglesia.

Las Asambleas de Oración Carismática son una respuesta del Movimiento al anhelo que siente la comunidad de los creyentes de una participación más activa y personal en la comunidad eclesial; tal y como lo pide el Documento de Puebla en el número 619, así como de relaciones más profundas y estables en la fe y el amor, sostenidas y animadas por la Palabra de Dios y la oración en común.

El gozo, la libertad y la espontaneidad caracterizan a la Asamblea de Oración. Sin olvidar que Dios no es un Dios de confusión, sino de paz, y que se ha de hacer todo con decoro y orden. Existe un Manual para la Asambleas de Oración y de hecho para cada uno de los medios, que explican y desarrollan de una forma más clara y extensa lo que es, lo que no es, sus características, sus elementos, etc. Ahora solo queremos señalar su importancia.

NOTA IMPORTANTE: La Asamblea de Oración con toda su riqueza debe llevarnos a vivir con más intensidad el Santo Sacrificio de la Eucaristía, ya que ninguna comunidad cristiana se edifica si no tiene su raíz y quicio en la celebración de la Eucaristía. Por lo tanto, las Asambleas de Oración buscarán siempre que sus miembros, de acuerdo a las circunstancias de tiempo y lugar, participen asidua, plena y activamente en la fracción del pan Eucarístico, por el cual, según Lumen Gentium en el número 7, somos elevados a la comunión con el Señor y entre nosotros, se significa y realiza la unidad de la Iglesia, se actualiza el misterio de nuestra salvación y se nos da la prenda de la vida futura.

2. Evangelización Fundamental o Seminario de Vida en el Espíritu

En el proceso normal del renovado, viene, en segundo lugar o en algunas ocasiones se da en primer lugar, el **Curso de Evangelización Fundamental**, que pretende **llevar a las personas a un encuentro vivo con Jesús** y una adhesión explícita y personal con Él.

A través del tiempo, este momento crucial en la vida de los cristianos ha sido llamado de diferentes maneras y presentado con diferentes metodologías, pero con la misma finalidad y esencialmente los mismos contenidos: **Curso de Iniciación**, porque te inicia a una Nueva vida; **Renovación**, por que renueva en la persona las gracias de los sacramentos de Iniciación (Bautismo, Confirmación y Comunión) y puesto que comprende el anuncio primero del Evangelio o ("**Kerygma**"), no como enseñanza de carácter doctrinal, sino como una proclamación viva del mensaje de salvación, en un clima de oración y conversión, que conduzca a una experiencia personal del amor de Dios; de Jesús, como Señor y Salvador; y del Espíritu santo, como motor de la vida interior. Como lo presenta *Evangelii Nuntiandi*, n. 23: *"Efectivamente, el anuncio (del Señor Jesús) no adquiere toda su dimensión, hasta que es escuchado, aceptado, asimilado y cuando hace nacer en quien lo ha recibido una adhesión de corazón."*

Para lograr esta experiencia de Dios es muy útil la oración, en que se pide un reavivamiento de la acción del Espíritu Santo, que da una conciencia profunda de la presencia íntima del amor de Dios, que penetra el alma y la transforma, por su acción santificadora en nosotros. Este reavivamiento actualiza en cada uno, con efectos más o menos sensibles y prodigiosos, el don del Espíritu Santo recibido en el Bautismo y la Confirmación. Ya lo mencionaba Pablo VI en su Homilía de Pentecostés en 1975: "A todos y cada uno os manifestamos un deseo ardiente, que transformaremos en oración en el curso de esta

ELEMENTOS O MEDIOS DE LA RENOVACIÓN

Eucaristía: Vivid ahora más que nunca la espiritualidad de vuestro bautismo y de vuestra confirmación. El Espíritu habita en vosotros. Él os invita a seguirle más y más por los senderos de la verdad y de la oración, con el fin de testimoniar el Evangelio de Cristo y de construir la Iglesia".

Por esta razón, a este Curso también se le llamó: **Seminario de Vida en el Espíritu o Bautismo en el Espíritu,** no como un nuevo sacramento, sino un reavivamiento del poder y la eficacia de los sacramentos de iniciación ya recibidos.

Si bien, este primer anuncio va dirigido de modo particular a quienes nunca han escuchado la Buena Nueva de Jesús, se ha vuelto cada vez más necesario, a causa de las situaciones de descristianización frecuentes en nuestros días, para gran número de personas que ya recibieron el Bautismo, pero que no viven de manera viva y profunda esta gracia, sino, más bien, alejados a causa de un secularismo extremo.

Algunos documentos al respecto nos hablan de este para enriquecer lo que aquí presentamos:

"Evangelii Nuntiandi", n. 52:

"Aunque este primer anuncio va dirigido en especial a quienes nunca han escuchado la Buena Nueva de Jesús o a los niños, se está volviendo cada vez más necesario, a causa de las situaciones de descristianización frecuentes en nuestros días, para gran número de personas que recibieron el bautismo, pero que viven al margen de la vida cristiana".

El DOCUMENTO DE MALINAS (1974), n. IV, K:

"La experiencia dentro de la Renovación indica que no sólo es posible sino normal, que los Católicos tengan un encuentro fructuoso con Cristo por su Espíritu en sus celebraciones de iniciación. Este encuentro lleva a una participación madura en el culto y en la misión de la

comunidad Eucarística".

Y finalmente el II Sínodo de Guadalajara, 1995, n 4:

"La pastoral profética supone un proceso: suscitar a la fe, hacerla madurar e integrarla en la comunidad donde se vive y actúa. Se realiza a través del Primer Anuncio o Kerigma, la catequesis y la acción profética dentro de la comunidad".

El Curso de Evangelización Fundamental puede ser: de un fin de semana (intensivo) impartido por Equipos Evangelizadores supervisados por el Movimiento, con programas cuyo contenido doctrinal esté aprobado por la autoridad eclesiástica competente; o en varias semanas (extensivo) de siete a nueve según la metodología que se siga o considere oportuna, muy a modo de cómo se realizaba al principio y llamado propiamente: seminario de vida en el Espíritu. Cabe señalar que este curso, retiro o seminario, como los demás elementos (medios concretos de la Renovación) no son sólo una riqueza para un grupo reducido (carismáticos), sino para todo cristiano que desee reavivar su fe.

La Renovación, me atrevo a decir, de manera categórica, es una respuesta magnífica para la Iglesia de hoy, con una riqueza que debe ser aprovechada por todos y cada uno de los que profesamos nuestra fe en Jesucristo. Si bien, no todos deben pertenecer a la Renovación como movimiento, sí, todos deben renovarse sin importar el movimiento, asociación, espiritualidad o papel que ya desempeñen o desarrollen en la Iglesia. Recordemos que la conversión continua es uno de los elementos esenciales de la Iglesia y de cada cristiano.

Nota: Los dos medios anteriores como ya se señaló, están abiertos a todo cristiano, de hecho la forma más regular como las personas tienen su primer contacto con el movimiento de la renovación son casi siempre, es, casi siempre, a través de estos dos: Asamblea y

Evangelización. Es importante que si se inició en el movimiento en uno de estos dos se busque la manera que las personas sean parte de los demás medios para continuar su crecimiento espiritual. Los siguientes dos medios, a presentar: Pequeños Grupos de Oración y Formación Básica, están reservados para aquellos que han ya han tenido un encuentro profundo y personal con Cristo Jesús por el poder del Espíritu Santo (propio de los primeros dos medios), a continuación presento con más detalle en consisten.

3. Pequeños Grupos de Oración (PGO) o Pequeñas Comunidades

Otro medio en el proceso de alguien que se ha renovado en el Espíritu Santo, es lo que llamamos Pequeños Grupos de Oración, que sirven para sostener y animar en el caminar espiritual a los que han nacido a una vida nueva. Estamos hablando de una reunión semanal que tiene como finalidad: orar y edificarse mutuamente por medio de un dialogo basado en la Palabra de Dios, inspirado en lo que se nos narra en el libro de Hechos 2, 42ss. La primera responsabilidad entre las personas que forman este Pequeño Grupo de Oración es amarse entre ellos mismos y caminar juntos en la vida del Espíritu. Este amor debe llegar a ser tan obvio que los demás lleguen a afirmar: *"Miren como se aman"*. El amor que se vive entre ellos es también un medio de Evangelización por el testimonio.

La relaciones entre ellos son auténticas, en la luz y en la verdad, se comprometen con todos y se ayudan en su caminar diario los unos a los otros. Se comparte no solo la oración, sino la vida completa. No se trata de vivir juntos necesariamente, pero sí de vivir unidos por el amor, la fe y el compromiso. Dichas reuniones de oración se deben realizar en los hogares como prueba que la presencia de Dios tiene tal alcance, claro con el debido asesoramiento del Ministerio Diocesano o Parroquial de los Pequeños Grupos de Oración para no caer en desviaciones.

A diferencia de la Asamblea de Oración, El Padre Salvador Carrillo Alday nos dice en su libro de La Renovación en el Espíritu Santo que se trata pues, de un grupo estable, no de un grupo abierto, con el conocimiento mutuo de los participantes y la comunicación de sus experiencias, compartidas en un clima de mayor intimidad. Es recomendable que sea un grupo de entre 10 y 15 personas, no más y no menos. En otras palabras, estos grupos han de transformarse

ELEMENTOS O MEDIOS DE LA RENOVACIÓN

en espacios de edificación mutua, plenamente integrados y comprometidos, por una mayor radicalidad evangélica, en la edificación de la Iglesia y de una nueva sociedad. Esta transformación los ha de llevar a buscar cauces para su compromiso apostólico, en la parroquia y demás estructuras de la Iglesia Diocesana. o con las Palabras del Padre Salvador Carrillo Alday en la página 20 del libro anteriormente citado:

> *"Van madurando en una búsqueda de la voluntad de Dios, para que sus integrantes lleguen a una vida santa y justa, que incluye necesariamente compromisos apostólicos concretos, sin descuidar los deberes de estado de vida propios. Esto llega a ser tan importante, que si falta el compromiso, puede llevar al Pequeño Grupo de Oración a la muerte o al estancamiento; lo ideal no es hacer muchas cosas, sino su voluntad, la cual se descubre en la oración y en los 'signos de los tiempos',".*

Deben pues, estar en activa búsqueda de la voluntad de Dios, dispuestos siempre a llevarla a la práctica en compromisos concretos, cuidando que tales compromisos no obstaculicen el cumplimiento de los propios deberes de estado.

4. Formación

Como lo hemos señalado en la introducción de éste libro; en el proceso del renovado es indispensable una profundización programada, sistemática y permanente de las verdades fundamentales de nuestra fe, que le ayude a conseguir madurez en su vida cristiana e ilumine su caminar como testigo de Cristo con la fuerza del Espíritu Santo; para ello, el Movimiento debe tener a disposición un Curso de Formación Básica, como nos lo piden los Obispos de Latino América en el Documento de Santo Domingo, n. 99:

> *"Incentivar una formación integral, gradual y permanente de los laicos mediante organismos que faciliten 'la formación de formadores' y programen cursos y escuelas diocesanas y nacionales, teniendo una particular atención a la formación de los pobres".*

Asumiendo así, la responsabilidad de ser educadores en la fe. Ya que tendrá verdadera fecundidad en la Iglesia, si se realiza un esfuerzo humilde, paciente y perseverante, en orden a conocer cada día mejor el misterio de Cristo y dar testimonio de Él; como lo encontramos en "Catechesi Tradendae", nn 25 y 26:

> *"Todos los movimientos alcanzarán tanto mejor sus objetivos propios y servirán tanto mejor a la Iglesia, cuanto más importante sea el espacio que dediquen, en su organización interna y en su método de acción, a una seria formación religiosa de sus miembros. En este sentido, toda asociación de fieles en la Iglesia debe ser, por definición, educadora de la fe". "En efecto, la <renovación en el Espíritu> será auténtica y tendrá una verdadera fecundidad en la Iglesia, no tanto en la medida en que suscite carismas extraordinarios, cuanto si conduce al mayor número posible de fieles, en su vida cotidiana, a un esfuerzo humilde, paciente y perseverante para conocer siempre mejor el misterio*

de Cristo y dar testimonio de Él". O en *"Christifideles Laici"*, nn 30 y 62: *"Por esta razón, cada asociación de fieles laicos debe ser un lugar en el que se anuncia y se propone la fe, y el que se educa para practicarla en todo su contenido." "También los grupos, las asociaciones y los movimientos tienen su lugar en la formación de los fieles laicos. Tienen, en efecto, la posibilidad, cada uno con sus propios métodos, de ofrecer una formación profundamente injertada en la misma experiencia de vida apostólica, como también la oportunidad de completar, concretar y especificar la formación que sus miembros reciben de otras personas y comunidades".*

El objetivo principal de esta enseñanza es descubrir la vocación o llamado de cada persona; para que, por un recto entendimiento de las verdades básicas de la fe, mismas que han escuchado y acogido por el kerigma, asuman hábitos de vida cristiana que les permita cumplir su misión.

Ser cristiano significa responderle positivamente a Jesucristo, recordemos que esta respuesta tiene dos niveles: Primero, entregarse a la Palabra de Dios y apoyarse en Ella; y segundo, esforzarse por conocer cada vez mejor el sentido profundo de esa Palabra como lo pide "Catechesi Tradendae", nn 20 y 21:

"si es verdad que ser cristiano significa decir "si" tiene dos niveles: consiste en entregarse a la Palabra de Dios y apoyarse en Ella, pero significa también, en segunda instancia, esforzarse por conocer cada vez mejor el sentido profundo de esa Palabra". "...Debe ser una enseñanza sistemática, no improvisada, siguiendo un programa que le permita llegar a un fin preciso".

Estos cursos de Formación son tomados de la fuente viva de la Revelación, transmitidos mediante la Tradición y la Escritura, Depósito Sagrado encomendados a la Iglesia y que el Magisterio escucha, custodia y explica con el carisma de la Verdad. Luego entonces, deben considerar casa uno de estos aspectos de la vida de la Iglesia como se nos pide en *"Catechesi Tradendae"*, n. 27:

"La catequesis extraerá siempre su contenido de la fuente viva de la Palabra de Dios, transmitida mediante la Tradición y la Escritura, dado que <la Tradición y la Escritura constituyen el depósito sagrado de la Palabra de Dios, confiado a la Iglesia>".

Y reforzado por "DEL VERBUM", en los números 8 y 10:

"La predicación apostólica expresada de un modo especial en los Libros Sagrados, se ha de conservar por tradición continua hasta el fin del tiempo. Por eso, los apóstoles al transmitir lo que recibieron, avisan a los fieles que conserven las tradiciones aprendidas (...) y así la Iglesia, en su doctrina, vida y culto, perpetúa y transmite a todas las generaciones todo lo que ella misma es, todo lo que cree. Esta Tradición que viene de los apóstoles, progresa en la Iglesia bajo la asistencia del Espíritu Santo; es decir, crece la comprensión de las palabras e instituciones transmitidas cuando los fieles las contemplan y estudian". La Tradición y la Escritura constituyen el Depósito Sagrado de la Palabra de Dios, confiado a la Iglesia. Fiel a dicho propósito, el pueblo cristiano entero, unido a sus pastores, persevera siempre en la doctrina apostólica y en la unión (...). El oficio de interpretar auténticamente la Palabra de Dios, oral o escrita, ha sido encomendado al Magisterio (...). (El cual) por mandato divino y con la asistencia del Espíritu Santo, lo escucha devotamente, lo custodia celosamente y lo explica fielmente".

Nota: La formación supone también ya haber sido iniciado en el movimiento por medio del retiro de evangelización, sin embargo, no se rechazará a nadie que quiera tomar estas clases que se ofrecerán

ELEMENTOS O MEDIOS DE LA RENOVACIÓN

en el Centro Carismático o en algún otro lugar disponible para esto, de manera regular y progresiva. Se puede si existe la estructura humana bien formada tener varios centros de formación o también cursos y talleres en línea (webinars), espacios de formación en las redes sociales, la radio, la televisión.

Otro aspecto importante a mencionar es que se debe buscar y beneficiarse de las estructuras de formación que muchas diócesis ya tienen desarrolladas; a la par de estas puede complementarse con sesiones de formación concretas que se relacionan de manera muy particular a los medios y ministerios del movimiento. Aunado a esto, han surgido por todo el mundo escuelas de evangelización que desarrollando Talleres, Retiros, Cursos, una relación sana de colaboración y apoyo beneficiará a los que quieren conocer y profundizar más su fe y su compromiso con Jesús.

5. Fruto: Motivación al Compromiso Apostólico

Más que un medio, este es un fruto que se debe dar al vivir los cuatro anteriores. Como lo afirmó su Santidad, el Papa Pablo VI, "la Renovación es una oportunidad para la Iglesia y para el mundo" por eso, el proceso del renovado en el Espíritu Santo incluye necesariamente el compromiso en las diversas áreas de la misión de la Iglesia. Compromiso que se realiza principalmente de un modo personal, participando en la pastoral Profética, Litúrgica y Social en su parroquia o en organismos del Decanato o de la Diócesis. Sin descuidar sus deberes de estado de vida y su caminar de renovado, para que no sea luz de la calle y oscuridad de su casa.

Un fin muy concreto de este movimiento es ofrecer una gradual, oportuna y bien fundamentada motivación al compromiso apostólico en todos sus miembros. La Renovación pretende ser un semillero de más y mejores cristianos para el servicio de nuestra Iglesia y la extensión del Reino de Dios en medio de nosotros, donde se puedan implantar estructuras evangélicas en todos los ámbitos del ser humano: Político, económico, social, laboral, familiar, religioso, etc.

6. Otros Ministerios...

Hasta aquí, más de alguno se preguntará, ¿Dónde quedó el ministerio de Música, el de Sanación, el de Intercesión y algunos más? Al respecto me gustaría, antes que nada, señalar que estos ministerios son de suma importancia y han cobrado relevancia en el desarrollo del movimiento, pero más que medios básicos, son ministerios de apoyo en el desarrollo de la Renovación y en el caminar del movimiento, de hecho les podemos encontrar presentes de alguna manera en los medios básicos ya descritos. Así pues, para sostener los medios anteriores y alcanzar el objetivo, existen otros ministerios y/o equipos de servicio en el Movimiento:

Ministerio de Canto y Música, es uno de los ministerios más necesarios y que más identifican al movimiento mismo, la alegría en la alabanza y el redescubrimiento de este elemento tan esencial para las personas en el encuentro con ese Jesús vivo y actuante hacen casi necesario la presencia de un bien formado (espiritual y técnicamente) en las diferentes actividades que se realizan en los ministerios básicos.

Ministerio de Intercesión, representan y sostienen por medio de la oración intercesora perseverante la obra evangelizadora y liberadora que el movimiento desea realizar en la Iglesia hoy. Aunque la obra es de Dios y es el mismo, a pesar de nosotros quien la lleva adelante, un buen ministerio de intercesión siempre dará más solidez a lo que pastoralmente se realice.

Ministerio de Oración por los Enfermos, algunos lo han llamado de Sanación, yo personalmente me inclino por el primer nombre aunque el segundo es más atractivo, el primero refleja en realidad de qué se trata su misión, orar por los enfermos y esperar la voluntad de Dios.

Ministerio de Renovación Juvenil, hoy más que nunca, hay una necesidad de llegar a los jóvenes que acechados por una cultura consumista, utilitarista y hedonista parecen perderse, de ahí la importancia y la relevancia de promover y fomentar una renovación juvenil, donde los jóvenes que se han encontrado con Jesús se comprometan a llevarlo a aquellos que aunque no parezca, tienen una necesidad profunda de Dios, el Espíritu Santo es y debe ser el motor que dirige la energía de la juventud a crear parroquias nuevas, una Iglesia nueva, un mundo nuevo, un mundo para Dios.

Ministerio de Bienvenida, este ministerio también es uno que ha distinguido de alguna manera a la renovación carismática, el movimiento es un lugar donde no se rechaza, ni se cuestiona a nadie, se le recibe con amor y le presentamos a ese Jesús interesado en cada uno de nosotros. Aquellas personas con el "don de gente" que siempre tienen una sonrisa en sus labios y palabras de amor deben ser parte de este ministerio; está constatado que las personas no se quedan en una iglesia o grupo de oración por la calidad de la música o la predicación misma, sino porque se sienten aceptados y recibidos de una manera cordial en aquel espacio, la bienvenida es la primer puerta de acceso para los que vienen buscando a Dios.

Existen sin duda aún más ministerios, que se adecuan a las necesidades particulares de cada comunidad y que no carecen de importancia

CAPÍTULO V:

ORGANIZACIÓN Y COORDINACIÓN DE LA RENOVACION

1. El Pontificio Consejo para los Laicos

Es un dicasterio de la Curia romana al servicio de los fieles laicos. En el ejercicio de su tarea al servicio de la Iglesia en todo el mundo el Papa es ayudado por una serie de organismos que toman en conjunto el nombre de *Curia Romana* que está compuesta por Diferentes Consejos pontificios (Laicos, Familia, Promoción de la Unidad de los Cristianos, Justicia y Paz, Cultura, etc.,). Al de los laicos es al que está unido la Renovación Carismática Católica cuyo organismo con oficinas en el vaticano se hace llamar por sus siglas en Inglés: ICCRS (International Catholic Charismatic Renewal Services).

2. ICCRS (International Catholic Charismatic Renewal Services)

Al español según las siglas sería algo así como **"SRCCI" SERVICIOS A LA RENOVACIÓN CARISMÁTICA CATÓLICA INTERNACIONAL.** Los orígenes de ICCRS se remontan a 1970 cuando, en Ann Arbor (Michigan/USA), en la Universidad de Notre-Dame, empezó a funcionar un Centro internacional de comunicaciones

(ICO) encargado de mantener contactos entre los distintos grupos de oración nacidos de la experiencia personal de Pentecostés conocida como "nueva efusión del Espíritu" o "bautismo en el Espíritu" y para ofrecer información sobre el nuevo movimiento. En 1973 el ICO inició la publicación anual de un "Directory of Catholic Prayer Groups", una especie de directorio de los grupos de oración existentes. En 1977 una consulta, que reunió a 110 personas representantes de 60 países, decidió crear un Comité internacional encargado de la supervisión del trabajo realizado en el Centro. En 1978 fue constituido el ICCRO (International Catholic Charismatic Renewal Offices) con sede en Bruselas, Bélgica. Fue formado por nueve miembros procedentes de Europa, Asia, Norteamérica, Sudamérica y Oceanía de entre los cuales, el entonces arzobispo de Malines-Bruxelles, el cardenal Leo Suenens, fungió en calidad de Asistente espiritual. Con la intención de reforzar las relaciones con la Santa Sede, en 1980 el ICCRO transfirió sus oficinas a Roma. Una vez adoptada la denominación actual, el 14 de septiembre de 1993 el International Catholic Charismatic Renewal Services, ICCRS fue reconocido por el Consejo Pontificio para los Laicos como organismo de derecho pontificio, cuya finalidad es la promoción de la Renovación Carismática Católica, hoy presente en 220 países.

El ICCRS es la principal estructura de coordinación y de servicio de la Renovación Carismática Católica. Cumple su misión de promoción de la Renovación en el mundo, alimentando en los miembros el compromiso de fidelidad a la Iglesia católica, tanto a nivel individual como de grupo; haciendo de centro de unidad, comunicación y colaboración entre los grupos de oración y las comunidades presentes en los distintos continentes; sosteniendo económicamente los centros de la Renovación en los países en vías de desarrollo además de las iniciativas locales y encuentros nacionales e internacionales de jóvenes; organizando congresos, talleres, cursos y conferencias mundiales para los Líderes de la Renovación. Actualmente está constituido por un Presidente, un Vicepresidente y doce consejeros representativos de las distintas realidades de la Renovación Carismática Católica y de las zonas geográficas en las que está presente. Para realizar sus funciones, el consejo está acompañado de un Obispo, en calidad de Asistente espiritual (Episcopal Adviser). La actuación de las decisiones del Consejo está confiada a una *Oficina*, guiada por un Director ejecutivo, encargado de la administración, que actúa bajo la supervisión del Presidente y en base a las orientaciones dadas. Entre sus principales tareas ICCRS.

Comunica...

Se reúne de manera ordinaria con la Santa Sede para obtener indicaciones y para consultar, y a su vez, mantenerlos informados del crecimiento de la Renovación Católica Carismática Internacional. Además, ICCRS visita los distintos centros de la Renovación Católica Carismática y a sus líderes por todo el mundo, promoviendo el Bautismo en el Espíritu Santo, también publica un boletín bi-mensual en inglés, español, francés, italiano, alemán y portugués que contiene las noticias, testimonios y anuncios relacionados con el Movimiento;

Invita a...

Desde 1973 ICCRS ha organizado de manera constante una conferencia internacional de líderes: hasta hoy, ya son nueve las que se han llevado a cabo; el evento en Asís tomó la forma de un retiro predicado por el padre Raniero Cantalamessa, OFM, cap. Además, ICCRS apoya las iniciativas que buscan llevar a cabo conferencias nacionales e internacionales, tales como, Conferencias de líderes de Asia, los diálogos internacionales de los movimientos eclesiales, eventos de jóvenes e iniciativas ecuménicas;

Sostiene...

ICCRS, cuando es posible, ofrece ayuda financiera a los Centros de la Renovación Católica Carismática, de los países en vías de desarrollo. ICCRS apoya económicamente delegados de países en vías de desarrollo, para que asistan a los eventos que son organizados por el mismo ICCRS.

Y también...

ICCRS, con el reconocimiento del Vaticano, por el Consejo Pontificio para los Laicos el 14 de Septiembre 1993, estableció su oficina en Roma y funciona como un centro de información y comunicación sirviendo a la Renovación Católica Carismática mundial, así como también siendo un enlace entre la Renovación y el Vaticano. ICCRS anima la solidez pastoral y teológica de varios grupos que pertenecen a la Renovación Carismática Católica, surgiendo de una experiencia personal de Pentecostés, conocido como el Bautismo en el Espíritu Santo.

3. CONCCLAT, una visión común para el Continente Americano

Es el Consejo Carismático Católico Latinoamericano integrado por el Coordinador y Asesor Sacerdotal de Renovación Carismática Católica de cada país de América. Entre las funciones concreta del CONCCLAT están las de discernir, evaluar y trabajar en unidad el caminar de Renovación Carismática Católica en el Continente. Además de guiados por los Episcopado Latinoamericano, traza líneas de acción, trabaja proyectos y da seguimiento al cumplimiento de metas a corto, mediano y largo plazo.

Se realiza una reunión anualmente antes del ECCLA de adultos y jóvenes, en el País en donde este se efectúa. Se lleva a cabo en una casa de retiro de manera cerrada y el tiempo de duración del retiro es de 3 a 4 días. Fuertes momentos de Oración y Adoración al Santísimo Sacramento, dan una excelente atmósfera de fraternidad, alegría y encuentro con todos los hermanos. Cada país tiene la oportunidad de informar cómo va el caminar de la Renovación Carismática Católica, sus luces y sombras, desafíos, retos y logros.

¿Cómo se formó?

En Noviembre de 1972, el Padre Francis MacNutt, de la orden de los predicadores, realizó una visita al barrio El Minuto de Dios en Bogotá Colombia. El fundador de esta obra, padre Rafael García Herreros, había recibido desde 1967 el "Bautismo en el Espíritu Santo" pero buscaba el camino para compartir su experiencia con los miembros de su parroquia. Las reuniones se realizaron a partir de intensa oración logrando una visión en común para el continente Americano, comenzando lo que sería el caminar de 20 años bajo el fuego de un mismo Espíritu. La idea inicial era lograr un intercambio de pareceres sobre la edificación de las comunidades cristianas en los barrios pobres de las ciudades mediante los dones del Espíritu Santo y reflexionar sobre cómo se podría expresar la experiencia Pentecostal en los ambientes culturales católicos. El Padre MacNutt propuso realizar una reunión de cuatro sacerdotes que vivieran la experiencia del Espíritu en diversos barrios populares de Latinoamérica y el padre García Herreros aceptó ser el anfitrión de la reunión. Pero no fueron cuatro sino veintitrés los participantes en lo que se llamó ECCLA I, celebrado del 19 al 21 de Febrero de 1973.

ECCLA por su parte, **pretende favorecer:**

• El conocimiento mutuo de los responsables de la Renovación Carismática en Latinoamérica

- El intercambio de experiencias personales y comunitarias
- La profundización de los temas relacionados con la RCC
- El discernimiento de la voluntad de Dios para la RCC
- El crecimiento de la Renovación a través del Continente
- La manifestación de la unidad de los cristianos por la fuerza del Espíritu
- La insinuación de las líneas de acción para los grupos

4. NACIONAL

A nivel nacional se organiza de diferentes maneras de acuerdo a varias circunstancias particulares, por ejemplo en México y en la mayoría de los países de habla hispana, se dividen en Regiones y hay un comité Nacional. En el caso de Estados Unidos, hay un cierto trabajo en conjunto con al menos 5 comunidades (Haitiana, Coreana, Filipina, Hispana y los que hablan Inglés, en su mayoría Anglos).

CNSH (Comité Nacional de Servicio Hispano)

En Estados Unidos y Canadá es el organismo que coordina los esfuerzos de la RCCH (Renovación Católica Carismática Hispana).

En mayo del año 1989, se realizó un **ECCLE (Encuentro Carismático Católico Latinoamericano Estadounidense)** en la Universidad de Notre Dame. En este ECCLE se formó un Comité cuyo propósito era presentar una estructura al ECCLE de 1990. En junio de 1990, en el ECCLE que tuvo lugar en Chicago, nació el Comité Nacional de Servicio Hispano. Para el año 1991, el Comité desarrolló un sistema de 8 Regiones en la Nación para pastorear la Renovación en los Estados Unidos. Cada Región tiene un Representante Regional. Muchas de estas Regiones cuentan con un Comité Regional, y algunos están realizando Congresos o Conferencias a nivel regional. En el año 1994, nació un Comité Nacional Juvenil. Es un fenómeno de la

Renovación Carismática Hispana el hecho que haya miles de jóvenes en el movimiento. En cada ECCLE, ha habido una representación juvenil. Con el deseo de conocerse mejor, los jóvenes empezaron a reunirse dentro del ECCLE, y en 1995, 1996 y 1997 realizaron un Pre-ECCLE Juvenil Nacional.

5. DIÓCESIS

Actualmente, en la mayoría de las diócesis donde está presente el movimiento de Renovación Católica Carismática (salvo algunos casos) existe una organización bien estructurada con un equipo coordinador diocesano o equipo "timón" como el algunas otras les han llamado. Cada vez más son las diócesis que tienen unos Estatutos (o están trabajando en ellos y en si proceso de aceptación) bien delineados sobre el funcionamiento y tareas del movimiento. Aunque con algunas variantes, la renovación en casi todas las diócesis en los Estados Unidos están tratando de trabajar en conjunto todos los grupos de oración. A parte de contar con un equipo coordinador que generalmente cuenta con un asesor eclesiástico (clérigo) asignado por el Obispo Titular de cada Diócesis, se cuenta también con actividades como Congresos, Conferencias, Talleres, Cursos de Formación, Asambleas de Oración Diocesanas, etc.; que promueven el desarrollo de los integrantes de este movimiento. En la arquidiócesis de Galveston-Houston a la que pertenezco, cada vez se trabaja más en conjunto y con proyectos pastorales más adecuados a las necesidades concretas de los renovados, entre los que existe una gran diversidad, pero también mucho ánimo de colaborar y seguir creciendo. Actualmente se ha lanzado un proyecto pastoral de trabajo en toda la arquidiócesis denominado "Unidos Florecemos" y tienen entre otras finalidades, la de unificar criterios y trabajar por zonas donde se agrupan y se apoyan de acuerdo a la zona postal varios grupos de oración que con trabajo y dedicación, tratan de implementar y desarrollar los medios básicos de la Renovación así como un proceso de crecimiento fundamental y progresivo que inicie al renovado en su vida de fe activa y participativa no solo en el movimiento, sino en su comunidad parroquial también.

6. LOCAL O PARROQUIAL

Finalmente, tenemos lo que podemos llamarle la "Renovación Local" o "Parroquial" que puede estar compuesta de uno o más grupos o asambleas de oración que se reúnen en diferentes momentos o espacios para dar respuesta a diferentes necesidades de los que son parte del movimiento; por ejemplo puede haber una Asamblea O Grupo de Oración Carismática Juvenil, una para Adultos, hasta como está pasando en Sudamérica una para niños, o puede haber una Asamblea o Grupo de Oración un día por las mañanas para aquellos que se les facilita este horario y otro por las tardes o noches. Algo que sí me parece de suma importancia es que si sucede esto sea siempre por responder a la necesidad pastoral y no como fruto de rivalidades o divisiones, es preciso que se trabaje en unidad, y que haya un equipo coordinador para todos y que estos estén unidos a la Zona o a la renovación Diocesana.

CAPÍTULO VI:

RENOVANDO LA RENOVACIÓN

Hace un poco más de 6 años, después de ser elegido como representante regional de la renovación carismática hispana en los Estados Unidos, participe en la reunión del "grupo de los cinco" (Renovación Hispana, Haitiana, Coreana, Filipina y de habla Inglesa) en Miami, Florida. En esa ocasión meditábamos, discutíamos el caminar de la Renovación Carismática Católica en los Estados unidos a unos meses de celebra los "40 años" del nacimiento de esta en la Iglesia Católica. Recuerdo el énfasis pronunciado que se hacía en la reunión de "volver" a lo que fue al principio. Escucha, con cierta tristeza y frustración de los que compartían cómo se había ido perdiendo el ímpetu y las señales (manifestaciones poderosas a través del sin número de carismas) que sobreabundaban "en aquellos años"; notaba de fondo una cierta nostalgia en los relatos y en sus añoranzas. Fue en oración que el Señor se manifestó en mi vida y me hizo ver como parecía por aquellos relatos y su tono que los líderes de la renovación habíamos entrado en una especie de depresión espiritual carismática… si me oyó bien, DEPRESION…, desde el punto de vista psicológico la depresión generalmente se manifiesta como una vuelta o fijación en el pasado que generalmente produce nostalgia o tristeza en diferentes niveles algunos críticos y difíciles para el caminar de quien lo padece. La fijación de la que no es fácil salir puede ser por dos razones primarias: a). Alguna experiencia trágica y dolorosa que sucedió en el pasado y que la persona no puede olvidar o procesar y le sigue afectando y paralizando en el presente; b). Alguna experiencia de vida muy buena o maravillosa también del pasado que la persona vive añorando por que la compara con su situación actual y que también termina produciéndole los mismos síntomas que la anterior… por un momento el Señor me hizo ver que 40 años después la Renovación Carismática Católica parecía había adoptado la segunda razón y los síntomas se podían palpar… Cuando preguntaron a todos los que estábamos presentes, una fuerza me levantó y comencé a articular algo respecto a lo que les acabo de narrar… no recuerdo las palabras literalmente que Dios me permitió compartir en aquel día, pero la idea general sigue ahí… me parecía que teníamos que dejar de añorar y llenarnos de nostalgia por el pasado y tal vez cortar con nuestros intentos de tratar de repetir lo que había pasado 3 décadas atrás y enfocarnos en lo que el Espíritu estaba haciendo ahora… porque si había algo claro es que el Espíritu seguía actuando, moviéndose, soplando en medio de nosotros y de la Iglesia en general… probablemente no se estaba moviendo en las formas como nosotros queríamos o añorábamos pero se estaba moviendo, o tal vez no notábamos su soplo por estar anclados en el pasado… entonces la tarea y la pregunta no era ¿Cómo volver al inicio y sus manifestaciones? Sino, que cosas nuevas y "renovadoras" está haciendo el Espíritu Santo AQUÍ Y AHORA. Debemos regresar a la esencia de este movimiento del Espíritu Santo… a la RENOVACION continua y constante del mismo. Parecía que estábamos olvidando lo que nos hizo una opción diferente en la vida de la Iglesia 40 años atrás y era esta apertura a algo siempre renovador por medio de la oración y la docilidad a los impulsos e inspiraciones del Espíritu Santo.

La Renovación tiene que hacerle honor a su nombre y no cerrarse a lo que es… recuerdo la frase de San Agustín respecto a su interpretación de lo que Pablo se refería en 1 Cor. 11, 29: "Recibe lo que eres (el cuerpo de cristo, eucaristía) y Sé lo que recibes" (el cuerpo místico de Cristo). La renovación tiene que renovarse o terminaría en contradicción. El Espíritu sigue soplando estoy seguro; probablemente parecido a como lo ha hecho, probablemente en maneras totalmente nuevas, que tengamos el discernimiento para descubrir lo que está haciendo y sigamos siendo profetas en nuestra Iglesia del siglo XXI. A todos abran sus ojos, algo nuevo sigue pasando, que no nos agarre distraídos o dormidos. Ven Espíritu Santo! y sigue renovando la faz de la tierra, Amen.

CAPÍTULO VII:

MI TESTIMONIO

Mi nombre completo es José Juan Valdez, nací en un pueblo llamado Romita en la zona conocida como el Bajío, en el estado de Guanajuato. El seno de una familia humilde me vio nacer una madrugada del 6 de mayo de 1977. Mis padres Eleazar y Teresa con su sencillez, supieron sembrar en mi corazón buenos valores humanos y cristianos, entre los que resaltaba el de una fe profunda y llena de reverencia a Dios y, además, una profunda devoción a nuestra Virgen morena, Santa María de Guadalupe, patrona del pueblo en que nací y de todo México.

Fui creciendo en un ambiente lleno de alegría y buenos principios. Somos 9 hijos, 5 hombres y 4 mujeres, de los cuales yo ocupo el quinto, el de mero en medio, una familia más o menos grande como podrán darse cuenta, "como las de antes." ¡Cuántos recuerdos agradables, cuántas bendiciones dadas por Dios a través de mis padres y mis hermanos! Aquellos que sean de familias con muchos integrantes lo entenderán mejor y los que no, pues imagínenselo... 5 hermanos (con los que más convivía, sin menospreciar a mis hermanas, con quien conviví menos pero que aprecio igual), juntos éramos un remolino.

Sabino, el mayor y fue de verdad un gran ejemplo para todos, lo admiro profundamente, es una persona honesta y fiel, el me mostró la belleza de servirle a Dios como catequista y fue con su vida matrimonial tan feliz y bien llevada quien desató el largo discernimiento que me llevó a buscarle responder a Dios por otros caminos.

Rey es el segundo en orden descendente... siempre luchón, trabajador, nunca se da por vencido, me enseñó que esta vida es de los que perseveran, hasta el día de hoy, trabaja duro, gracias porque a lo mejor sin darte cuenta aprendía de ti, se lo mucho que le costó aceptar mi salida del seminario, pero también sé que le encanta verme feliz y en silencio discreto sigue admirando las bendiciones de Dios en mi vida... en un momento de dificultad llego la renovación a su vida mientras en su búsqueda de Dios, su fortaleza y su consuelo, llego a un grupo de oración en Tijuana, B.C., mis oraciones contigo para que pronto estés de regreso con los tuyos... ven Espíritu Santo!

Chela, la mayor de mis hermanas, la del carácter fuerte y decidido que al igual que Rey terminó en los Estados Unidos tratando de buscar algo mejor para su familia. Se casó muy jovencita y por lo tanto, hasta el día de hoy, creo no fue la mejor decisión, después de muchos altibajos, más bajos que altos y por una complicación con las leyes tuvo que separarse de su esposo y ahora, ya de abuelita lucha por sacar adelante, a sus hijos a sus dos nietecitos; hace algunos meses tuve la oportunidad de llevar un seminario de vida en espíritu cerca de dónde vive y fue una experiencia maravillosa poner a Jesús cerca de su corazón, dándole la certeza de que no está sola y que nunca lo estará!

Laura con la que más experiencias compartí mientras crecía, de hecho fuimos al mismo grado juntos, de carácter mucho más tranquilo y pasivo la vida no ha sido fácil para ella; le sucedió lo mismo que Chela, se me hace que eran tan cercanas que al quedarse sola decidió seguirle los pasos y le ha tocado vivir algo similar; mis oraciones siguen ahí por ambas por su felicidad que tanto les ha costado.

Luego sigo yo, pero esta parte es de ellos, de los hermanos que Dios me regaló.

Después de mí, vino **Gerardo (el chino)** el más generoso y desprendido de todos, es capaz de darte el taco que tiene para comer, trabajador y de un corazón muy grande, ese es chino; ¿Quién dijo que no aprendemos de los más chicos?

El siguiente es **Francisco Javier**, recientemente casado y empezando un sendero distinto, que difícil su lugar... ahora lo veo así... por ser el "chiquito" lo agarrábamos de bajada, que Dios bendiga tu matrimonio "Javi" no te desanimes, ¡Animo!

Después viene **Diana** que siguió los pasos de todos nosotros y ha servido como catequista por varios años, nació con un "problema" en su corazón que mantuvo a mis papás de hospital en hospital por más de dos años después de una operación de corazón abierto parece ser que Dios no solo le sano, sino que puso en ese corazón ternura y mucha bondad, así es Diana, ahora casada con Migue y esperando su primer bebé al que encomendamos al Espíritu Santo desde ya.

Y cuando todos pensábamos que seriamos ocho... después que no había habido más de dos años entre los que íbamos... siete años después nació **Teresita de Jesús** que aunque la diferencia en años es considerable fue quien acompaño a Diana. Es la bebé y siempre lo será. También estuvo sirviéndole a Dios, lo cual le ayudó a crecer y madurar en muchos aspectos de su vida. También ahora casada y esperando su primer bebe.

    Hoy, todos ya mayores volvemos la vista y recordamos las divertidas que nos pegamos mientras crecíamos juntos. En serio, las familias grandes tenían su magia, su encanto, aunque de pronto el contar con una visión más materialista en nuestros días, resultan incomprendidas y desdeñadas. Fue muy divertido... eso lo puedo asegurar y aunque vivíamos con algunas limitaciones, la felicidad en el compartir, el sufrir, el caminar y ahora vernos realizados; me hace pensar que esa experiencia, no la cambio por nada. De ahí vengo, y me encuentro muy agradecido con Dios por haberme dado ese hogar tan peculiar.

1. Los caminos de Dios…

Cuando tenía como 8 o 9 años me preguntaba, lo que todo niño hace antes, durante o después de esa edad, ¿Qué voy a ser cuando sea grande? Enfocándome en algunas profesiones comencé mencionando aquellas que más conocía y viendo a mi interior me pregunte: ¿Maestro? No, ya hay muchos... ¿Arquitecto? Mmmmm, tampoco, también hay muchos, ¿Abogado?... Mmmmm ese, de pronto, me llamó la atención, pero terminé diciendo lo mismo, HAY MUCHOS. **Yo quería hacer algo o ser alguien 'diferente;' fue que se me vino a la cabeza la delirante idea de ser astronauta, de esos que "van a la luna,"** jajaja, los sueños de un niño, no tienen medida, de verdad que andaba por las nubes o más alto aún. En México no había ninguna escuela de astronáutica, la más cercana estaba en el país vecino desde el que ahora escribo y muy, pero muy lejos del alcance económico y de las posibilidades de mi familia. Más lejos que la misma luna. ¿Recuerdas tus sueños de niño?... ¡que sueños! Sin embargo, los caminos de Dios son raros e impredecibles… en la actualidad trabajo en la parroquia de San Pablo, Apóstol, que es la comunidad católica que ofrece sus servicios a la comunidad de NASA (National Aeronautics and Space Administration), el lugar donde se han dirigido y aún se dirigen muchos de los viajes al espacio. De hecho en la comunidad hay algunos astronautas… actualmente trabajo con algunos ingenieros que son parte de la parroquia en una misión de unir lazos con una parroquia hermana en algún lugar de México, de Centro o de Sudamérica, los caminos de Dios…

Regresando…cuando llegué a los 10 años y después de hacer mi primera comunión, me acerqué mucho a Dios y a su Iglesia. Me encantaba estar participando en los eventos y cursos de mi parroquia.

Me inscribí en un curso para catequistas y la verdad no sé cómo fue, pero me aceptaron. **Como a los 11 años conocí a unos seminaristas** de la parroquia que se me hicieron 'muy buenas gentes' como dicen en mi pueblo. Eran muy alegres, gozaban de mucha aceptación y apoyo en la parroquia; eso me llamó la atención, aunado a sus rasgos de personalidad, yo quería ser como ellos, alegres, sociables; colaborar con la parroquia, estar en contacto con la gente, etc. Les comenté a mis padres la inquietud que había nacido en mi corazón, "quería ser seminarista" ojo, seminarista, no sacerdote; a lo que mis papás respondieron con una negativa. Yo creo que no se lo esperaban o simplemente no entendieron del todo lo que ni yo mismo entendía; me dijeron que NO, que esperara tres años más, que estudiara la secundaria y "después hablábamos" y así fue.

Paso el primer año de secundaria y mi entusiasmo por entrar al seminario crecía más cada día. En el segundo año conocí a mi primera novia... ¡qué días! siempre es grato recordar; eso suscitó que yo renunciara a la idea de "ser seminarista" porque entonces, no podía tener novia. Comencé a buscar un 'plan B,' pensé en ser doctor, me encantaba la idea de ayudar a las personas. El contacto con Dios por medio de la vida de la parroquia me hizo pensar que cualquier cosa que decidiera hacer con mi vida tendría que estar relacionada con ayudar a la gente, esta idea altruista no permitió que mi cambio de idea fuera tan brusco. Duré como un año con aquella "niña", sin alejarme de la parroquia, más bien, cada vez más envuelto. Para entonces ya era catequista, y aunque no lo crean ya llevaba uno o dos grupos que habían hecho la primera comunión. Aquello fue muy chistoso, el primer año tenía un niño que era un poco más chico que yo de edad, pero parecía de la mía o mayor y yo era su catequista (cuando otros padres venían a preguntar cómo iban sus niños se dirigían con él porque era más alto). Seguía en contacto con mis amigos del seminario y casi al final de mi secundaria hubo un preseminario de navidad al que fui invitado una y otra vez por ellos; yo estaba 'enamorado' de mi noviecita pero, fueron tan insistentes que termine yendo al preseminario, más para que dejaran de molestar, que por deseo verdadero. ¡Oh sorpresa... me encantó! Hablaron del sacerdocio, de la necesidad de personas que desearan entregar su vida completamente. Comencé a recordar cada cosa que había pasado por mi mente los últimos años; cuando me preguntaba qué quería ser de grande y se me vino a la mente casi cada frase: 'quiero ser alguien diferente' y me di cuenta que sacerdotes no había muchos, que eran diferentes, especiales, etc. También me acordé de la idea de ser doctor (médico) para ayudar a las personas y descubrí que el sacerdote no solo las ayudaba, sino que entregaban toda su vida por ellos. De pronto me di cuenta que aquello, era lo que estaba buscando. Regresé a mi casa decidido a ingresar al seminario, le dije a mis padres, que en esta ocasión respondieron con un SI alegre y lleno de apoyo. Lo difícil fue decirle a la novia que bueno... pobrecita, lloro mucho, en fin. Terminé mi secundaria, tenía ya quince años, fui a otro preseminario en el verano, me aceptaron para formar parte de esa bella institución y entré a cursar mis clases de preparatoria, ya 'era seminarista' e iba a ser sacerdote.

Fueron casi 11 años, benditos años, cuántas cosas buenas me regaló Dios. A través de los momentos de oración (Laúdes, meditación, El Santo Sacrificio de la Eucaristía, vísperas, completas, retiros, ejercicios espirituales, etc.), fue moldeando mi corazón para que nunca se cansara de buscarlo; a través de los estudios y clases, en ocasiones tan exhaustivos y difíciles me concedió ser disciplinado en esta área y fue moldeando mi mente para apasionarme por buscar siempre la verdad, que al final todas las preguntas convergen en una sola respuesta, en aquel que es la VERDAD, **JESÚS**. Son tantas las cosas que recibí en el seminario que no terminaría de enumerarlas, valga decir que mis formadores (a quienes agradezco con todo mi corazón toda su dedicación y empeño), mis compañeros, que en medio de risas, de caminar juntos, de soportarnos, de apoyarnos y saber que todos buscábamos en el fondo de nuestros corazones una sola cosa: responder al llamado que Dios nos hacía a servirle con toda nuestra vida, imposible nombrarlos a todos, algunos ya sacerdotes, otros como yo, tratando de seguir sirviendo a Dios y a su iglesia por "otros caminos" totalmente válidos y preciados. Cada persona, cada evento, cada cosa, todo, absolutamente todo, contó. ¡Qué grande es Dios, qué grande! Hoy vuelvo los ojos atrás y no puedo hacer otra cosa más que agradecerte por haber estado ahí, por que fuiste fiel y continúas ahí, Qué grande eres mi Señor!!!

Durante todos esos años en el Seminario hubo un sin número de aventuras... interminables de contar, espero un día tener la oportunidad de hacerlo con más detalle. Esta parte de mi vida merece un libro completo, quiera Dios concederme un día contar todo aquello que sirva para edificar, que fue mucho; incluso mi proceso de salida que en medio de crisis vocacionales, Dios me guio con el apoyo de mi director espiritual y a través de un sano discernimiento me mostró el camino.

Una de las mejores cosas que me sucedieron durante el tiempo de seminario fue conocer al padre Roberto Licea, un sacerdote 'carismático' que con mucha generosidad apoyaba mi vocación. El padre Roberto tenía algo especial... (Dios te bendiga donde quiera que estés, Padre Roberto, Dios te puso ahí para sembrar una semilla pequeñita que un día haría crecer, gracias por dejarte usar por Dios) ahora sé que el Espíritu Santo le daba la fuerza, la humildad, el celo evangélico y sus ganas de ser parte y construir el Reino de Dios. A Pesar de tan tremendo ejemplo, yo no quería ser carismático, me mantenía a distancia, sabía que algo bueno había ahí, pues le podía percibir sobretodo en la entrega desinteresada, leal y concienzuda que desempeñaba aquel sacerdote. Mientras cursaba mis años de teología, varias veces fui invitado a 'grupos de oración' para compartir algunas catequesis, lo cual hacía lleno de gusto. Confieso la pasión por enseñar que Dios ha puesto en mí desde siempre; creo y entiendo ahora que es uno de los grandes dones que Dios me ha concedido y que disfruto ejerciéndolo. Cuando me invitaban a enseñar, me causaba cierta extrañeza la manera como se llevaba la oración, los cantos, la expresión corporal, la oración en lenguas; así que prefería limitarme a dar mi enseñanza y ya. Si me habían invitado a las 8:00 pm, yo llegaba unos minutos antes para que no me tocara todo aquello, y me iba puntualmente cuando terminaba, pues aunque me invitaban a que me quedara, no lo hacía porque entonces si "comenzaba el show." Una vez que acepté la invitación, me quedé, unos se pusieron a orar en lenguas, otros comenzaron a temblar, algunos más se caían como desmayados y creo que alguno por ahí gritaba mucho, eso me asustó. Aquello no tenía nada que ver con las formas de oración que me había enseñado el seminario... en fin, comenzando el show, yo hacía mi retirada.

Fue que por Dioscidencias... conocí a Luchi y a su familia que son 're-carismáticos' ella me invitó a tomar el Curso de Evangelización o Seminario de Vida en el Espíritu, yo le salía con la historia que ya había asistido a un montón de retiros y ejercicios espirituales en mi vida de seminario, algunos dirigidos por sacerdotes muy sabios y santos, así que bueno ¿Qué haría uno más dirigido por laicos? ¿Qué aprendería de nuevo? Después de darle muchas vueltas, de poner una excusa tras otra, sintiéndome arrinconado, asistí. Mi primer retiro llegue al tema del Señorío de Jesús, me hizo reflexionar mucho, qué difícil fue quitarme la corona de reycito que llevaba puesta, qué difícil renunciar a mí mismo y decirle a Jesús que deseaba que él fuera el Rey y Señor de mi vida... qué difícil, me tragué algunas lágrimas (para que no me vieran, ay Dios, siempre guardando las apariencias), y con un corazón sincero le entregué la corona, la vida, todo lo que tenía y ahora me daba cuenta que le pertenecía a Él. Llegó el tema del Espíritu Santo, yo con mi actitud cuestionante y censuradora que aún cargaba mientras que Memo (quien dirigía el retiro) hablaba de la Tercera Persona de la Trinidad de una manera sencilla pero centrada en la necesidad de abrirnos a su acción. Comenzó la oración, Memo pidió que cerráramos los ojos y yo me hacía el loco, cerraba uno y el otro a medias, "un ojo al gato y otro al garabato." Continuaba la oración y yo seguía con mis resistencias, además, de reojo miraba a doña Luchi que parecía que me estaba cuidando. Yo pensaba... no pasa nada, calma, no voy a quedar en ridículo ahora después de tantos argumentos teológicos y psicológicos que le había dado. Memo continuaba con la oración diciendo "cierra los ojos, no tengas miedo, no pongas barreras, déjate llevar por la presencia del Espíritu Santo... y yo así... como que "este me está tirando el rollo a mí" y Memo continuaba, "dale una oportunidad, no tienes nada que perder; cree, pídelo, es para ti" y yo mirando de reojo a Luchi que no me quitaba la vista de encima. No se cómo fue, decidí por un instante cerrar los ojos, abrí mis manos, comencé a pedir y me empecé a sentir mareado, a balancearme un poco, y me dije: Bueno qué está pasando... ¿voy a quedar en ridículo? No es posible, abrí mis ojos y me encontré con los de Luchi. Me senté, mi orgullo y mi miedo por quedar en ridículo hicieron que me sentara y me recargara sobre un sillón, hasta allí deje llegar aquella experiencia. Sin embargo, me quedó la idea y la curiosidad de que "algo pasó". Luchi no dejó de insistir y me invitó a otro retiro, allí me pidió que dejara que alguien orara por mí, recuerdo que me sentía muy atribulado con lo de mi crisis vocacional; acepté, me abandoné confiadamente en las manos de Dios y no recuerdo más... cuando 'desperté' estaba en el suelo... quise pararme de inmediato (volteé a todos lados para cerciorarme que nadie me había visto) y me decía a mí mismo: 'No puede ser... ya me paso, lo bueno que nadie se dio cuenta... ¡qué bueno! y respiré profundo. En eso se me acerca Luchi y me dice: 'ya no te cuides "tío", te echaste como media hora en el suelo'.

Eso fue lo exterior, en mi interior Dios comenzó a desarrollar un celo por pregonar su palabra 'a tiempo y a destiempo' había en mí una fuerza interior y una seguridad impresionantes, mis enseñanzas cobraron sentido, ya no eran solo palabras aprendidas en los libros. Además, no sé como pero Dios tocaba los corazones de las personas a través de la enseñanza, descubrí lo que se llama "parresía" predicar con poder, con el poder y la unción del Espíritu Santo.

Saliendo del seminario el padre Francis Frankovich, entonces director del Centro Católico Carismático en Houston, me invito a trabajar en el área de formación. ¡Qué imprevisibles son tus caminos Señor! ¡Qué grandes tus designios! Me fuiste preparando, moldeándome como hace el alfarero con el barro en sus manos... y hasta el día de hoy sigues mostrándome tu rostro y el camino que he de seguir.

Un día, hace varios años atrás, leí el libro Jesús está Vivo, escrito por Pepe Prado, basado en el ministerio de evangelización y sanación del padre Emiliano Tardiff, quedó como un libro sensacionalista que pasó por mis manos. Después de algunos años, de yo mismo ser testigo de la presencia y el poder de Jesús, que es el mismo ayer hoy y siempre y que sigue tan presente como en los días que caminó en medio de este mundo, yo, José Juan puedo proclamar con toda la convicción de un testigo fiel a lo que ha visto y oído: **¡JESUS ESTÁ VIVO!** Está presente hoy en su Iglesia, y en la humanidad entera realizando milagros como cuando se encarnó, está tocando corazones y transformándolos desde lo más profundo, es imposible no darse cuenta de esto. He invitado varios amigos seminaristas y algunos sacerdotes que tenían un concepto pobre del movimiento y han constatado la fuerza y la acción del Espíritu Santo en ellos mismos que sus ideas cambian.

Hoy, en la Iglesia y en todo el mundo hay un fuego renovador que nadie puede resistir. ¡Bendita Renovación! Gracias Beata Elena Guerra por tu inspiración y tu determinación, gracias Beato Juan XXIII, porque vislumbraste esta "nueva primavera en la Iglesia" como la llama ahora Benedicto XVI.

Al igual que nuestro Papa actual, tú, que me das la oportunidad de compartir este libro contigo; dale la bienvenida a ese soplo vivificador de Dios, ábrete a la acción del Espíritu Santo, abre tus ojos... mira, algo nuevo está pasando, no dejes que pase de largo e invoca conmigo… Ven Espíritu Santo!

CONCLUSIÓN

Deseo lleno de Esperanza que cada día nos renovemos más y más. En orden a seguir renovando las estructuras sociales, culturales y religiosas. Y que estos conceptos, experiencias y elementos aquí presentados sean fuente de inspiración para el trabajo y desarrollo de esta Renovación Carismática Católica en muchos lugares.

Concluyo este primer libro dejando bien claro que la Renovación tiene como objetivo promover una Espiritualidad Carismática en los católicos, capacitándolos para vivir la vida según el Espíritu y para colaborar en la misión integral de toda la Iglesia. Esa espiritualidad quiere y debe ser decididamente carismática, esto es, nutrirse de la amplísima gama de los carismas recibidos de Dios, que, perteneciendo a la naturaleza misma de la Iglesia, se ordenan a su edificación como Cuerpo de Cristo y pueblo de Dios, y a la instauración del Reino, del que aquella es germen. Reino que se expresa, desde este tiempo, como fraternidad solidaria, como compromiso por la justicia y, en general, para armonizar las realidades de este mundo con el designio de Dios. En la proclamación y vivencia del Señorío de Jesús sobre todas las áreas de nuestra vida, es ahí, dónde radica la esencia de la Espiritualidad Carismática.

En un segundo libro como continuación a éste; por su importancia y relevancia en el movimiento y en la Iglesia en general, presentaré de manera clara, sencilla y comprensiva ¿QUÉ, SON LOS CARISMAS?

¿QUÉ ES LA RENOVACIÓN? CONCLUSIÓN

Quiero finalmente agradecer a Dios la maravillosa oportunidad que me da de llegar a ustedes por este medio de formación, deseo firmemente que sirva para lo que fue inspirado: Promover un crecimiento en la vida de fe y en el caminar de aquellos que desean vivir de una manera más profunda y comprometida su vida con Dios, por el poder del Espíritu Santo.

Gracias a todas las personas que siendo instrumentos de Dios me ayudaron en la realización de éste proyecto. Al Sr. Obispo José Vásquez por todo su apoyo, dedicación y paciencia, al Padre Eduardo Roque y al Padre Ernesto Canseco por su trabajo de revisión y sus sugerencias tan valiosas, a los editores, a las personas que me siguen apoyando muchísimo de manera particular a Luchi y por sobre todo a la familia que Dios me dio, mi esposa Alba y mis hijitos Natalia, Diego y Emilio. Mil gracias a todos.

Por último, pido lleno de fe que Dios bendiga lo que con mucho amor y dedicación pongo hoy en sus manos; y sin más por ahora, nos vemos muy pronto para continuar este caminar que hemos comenzado... Ven Espíritu Santo!

BIBLIOGRAFÍA

1. CARRILLO ALDAY, S.M. Sp.S., *Renovación Cristiana en el Espíritu Santo*. Inst. de Sagrada Escritura, México, D.F., 1978.
2. CARRILLO ALDAY, S., *La Renovación en el Espíritu Santo Teología y Pastoral*, Inst. De Sda. Escritura, México, D.F., 1985.
3. *Estatutos del Movimiento de Renovación Carismática Católica en la Diócesis de Galveston Houston*, Octubre 2003.
4. FORREST, TOMAS. *Dones Carismáticos para la Iglesia.*, Publicaciones Kerygma, México.
5. JARAMILLO, DIEGO. *Renovación Carismática*, 1978.
6. *¿Qué dice Roma de la Renovación Carismática?* Publicaciones Kerigma, México, 1999.
7. JARAMILLO, DIEGO, *El Actual Pentecostés del Espíritu Santo* 1978.
8. JUAN PABLO II, *Dominum et Vivificantem, el Espíritu Santo en la vida de la Iglesia y el mundo,* 1986.
9. JUAN PABLO II, *Novo Millennio Ineunte, (En el comienzo de un nuevo milenio)* carta apostólica, 6 de enero, 2001; no. 33, 38.
10. ICCRS, *Entonces Pedro se levantó..., recopilación de los discursos del Papa a la Renovación Carismática Católica desde su origen al año 2000,* International

Catholic Charismatic Renewal Services, 2000.
11. GALLAGHER MANSFIELD, PATTI , *Como en un nuevo Pentecostés, el comienzo espectacular de la Renovación Carismática Católica*, SERECA, 1994.
12. ABBRESCIA, DOMENICO M. O.P., *Elena Guerra, Prophecy and Renewal,* Society of Saint Paul Inc, Makati, Filipinas, 1982.
13. HOCKEN, PETER, Msgr. *The Strategy of the Spirit, worldwide renewal and revival in the established Church and modern movements,* Eagle/Inter Publishing Service LTD., 1996.
14. CATHERINE KIM-KOLLINS MARIE, *La Zarza ardiente. Un retorno al Cenáculo en adoración e intercesión* – 2001, Gráicas Grisén, S.A. Mejorada del Campo, Madrid.
15. MARTINEZ, SALVATORE, *Per un Roveto Ardente di Preghiera, suggerimenti per un'animazione spiritual,* Edizioni Rinnovamento nello Spirito Santo, 2002.
16. WALSH, VINCENT M. Mons. <u>Una llave para la Renovación Carismática en la Iglesia Católica.</u>, Publicaciones La Llave de David, Philadelphia, 1985.

OTROS RECURSOS

1. Constitución Apostólica *"Lumen Gentium"* (Vat. II)
2. Constitución Apostólica *"Sacrosantum Concilium"* (Vat. II).
3. Constitución Apostólica *"Dei Verbum"* (Vat. II).
4. *Documento de Puebla,* 1979
5. *Documento de Malinas,* 1974.
6. *Documento de Santo Domingo,* 1992.
7. Exhortación Apostólica *"Evangelii Nuntiandi",* Pablo VI, 1975.
8. Exhortación Apostólica *"Christifideles Laici",* Juan Pablo II, 1988.
9. Exhortación Apostólica *"Catechesi Tradendae"* Juan Pablo II, 1979.
10. *Homilía de Pentecostés* de su santidad Pablo VI, 1975.
11. *II Sínodo de Guadalajara,* 1995.
12. *http://www.rccperu.org/pdf/LibroElenaGuerra.pdf*

Para otras obras (Libros o conferencias en audio) del mismo autor favor de visitar la página web:

www.seranlosdosuno.com

para Conferencias, Talleres, Pedidos o Comentarios favor de contactarme:

José Juan Valdez L.
Tel. 281-492-4635
valdeus77@gmail.com
www.seranlosdosuno.com

**Prohibida su reproducción total o parcial
sin el permiso por escrito otorgado por el autor.**

Made in the USA
Charleston, SC
22 April 2015